超リテラシー大全

LITERACY
ENCYCLOPEDIA

sanctuarybooks

ふだんスマホを見ていて、
こんな情報が飛び込んできませんか。

年収800万以上のハイクラス転職
2040年まで価値の下がらない不動産投資
スキマ時間で月収30万
最強の配当銘柄で年金以外の継続収入
名誉教授が選んだすごいサプリ
1錠飲むだけで脂肪がゴッソリ落ちた

そんなワケないよね
と思いつつも、気になって……。

30代の平均給与ランキング
老後2000万円ではまったく足りない？
大地震の予兆か
これマジ？
××社で個人情報が流出
年収1000万円エリートの末路
製薬会社の陰謀だ!
○○ががんに効くらしい

ニュースや
SNSを見ていても、
やっぱり気になる……。

情報があるのはよいことなのですが……

情報が多すぎるのはしんどい！
信じるべきものがわからない！

本当のことだけ
教えてほしい！

この本は、

そんな現代人に送る「リテラシー」の本です。

投資家、医師、大学教授、不動産のプロ、元刑事など
様々な分野の専門家たちの監修の元、
「その道のプロが正しいと考える情報」だけを厳選し、
質の高い知識を1冊にまとめました。

資産運用のAtoZ
今知っておくべきIT
転職・独立の考え方
正しいがんの知識
賢い不動産の買い方

貯蓄、投資、保険、転職、独立、住まい、ＩＴなど、
仕事やお金に関わることから、
医療、法律、セキュリティや災害など、
「そうなってからでは遅い」
「早く知っておくべき知識」もまとめています。

専門家にとっては常識のことも、
一般人には「そうだったの？」
ということばかり。

「老後2000万円」を信じてはいけない

保険は営業マンから買ってはいけない

転職では職種を軸に仕事を選ぶ

ネットで無料で得られる情報の質は高くない

法律のプロは民事裁判を起こさない

「独立しても応援するよ」を信じてはいけない

「子どもにスマホを使わせない」のは間違い

介護離職してはいけない

がん専門医が考える「受けなくてもいい」検査

財産の少ない家でも相続問題は起きる

災害用の備蓄には支給されないものが重要

新型コロナや自然災害の問題、
経済や社会のあり方への疑問、
進化するテクノロジーと犯罪など
様々な変化が起きていますが、
その中で不必要に迷わないために、
また不安になりすぎないように……。

日々の判断基準や、そうすべき理由などを
解説しながら、プロと同じ目線で
情報を選べるようになる。

そんな知識を
全88項目でお伝えしていきます。

どうぞ、最後まで
お楽しみください！

はじめに ………… 3

第1章 お金／投資・貯蓄・保険のリテラシー

監修 雨谷亮（経営者／個人投資家）

CONTENTS LITERACY ENCYCLOPEDIA

第2章 仕事／転職・独立のリテラシー

「転職」監修 末永雄大（アクシス代表／転職エージェント・ヘッドハンター）

「独立」監修 河合克仁（アクティビスタ代表／筑波大学非常勤講師）

第3章 IT／情報収集とデバイスのリテラシー

監修 伊本貴士（メディアスケッチ代表／サイバー大学専任講師）

第4章 住まい／家・土地選びのリテラシー

監修 鈴木誠（誠不動産代表）

第5章 法律／トラブル対処のリテラシー

監修 堀田秀吾（明治大学法学部教授）

第6章 セキュリティ／被害予防のリテラシー

監修 佐々木成三（スクールポリス理事／元捜査一課警部補）

CONTENTS LITERACY ENCYCLOPEDIA

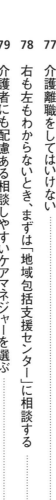

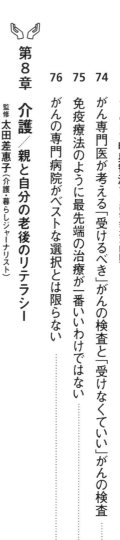

本書では、リテラシーを「情報を見極め、取捨選択する力」として使用しています。

また本書は、2021年5月現在の情報をもとに作られています。時代の変化にも対応できるよう普遍的な情報を取り扱うように配慮しておりますが、一部情報はアップデートされていく可能性があることはご了承ください。本書で紹介しているあらゆる内容の最終的なご判断は、ご自身でしていただくようお願い申し上げます。

第 1 章

お金

投資・貯蓄・保険のリテラシー

監修 雨谷亮
(経営者／投資家)

LITERACY
ENCYCLOPEDIA

第1章
お金

PROFILE
「お金」監修

雨谷亮
（あまがや・りょう）

お金の教育業経営、個人投資家、元銀行員。青山学院大学卒業後、三菱東京UFJ銀行（現、三菱UFJ銀行）に入行。中小企業から東証一部上場企業まで法人営業を経験。その後、三菱UFJモルガン・スタンレー証券に出向。投資銀行本部にて、M＆Aアドバイザリー業務に従事し、東証一部上場企業同士の経営統合や東証一部上場企業間の買収等、様々な企業統合案件をクロージングまで手掛ける。三菱UFJ銀行退職後、Fintechベンチャー企業を経て、現在はお金の教育事業を経営。運営中のYouTubeチャンネル「money time hack ～お金と時間の学校～」では、マネーリテラシーを高める情報を日々発信中。また、自身も個人投資家として株式投資、不動産投資等、幅広く活動している。

投資・貯蓄・保険のリテラシー

01 老後2000万円を信じてはいけない

１つ目のテーマは、お金についてです。貯蓄や投資（資産運用）、保険、住宅ローンなどについての知識を紹介していきます。

お金についてそもそも考えなくてはいけないのは、いくら必要か？　ということです。「老後２０００万円問題」と言われていますが、これは65歳の夫、60歳の妻が年金だけで暮らしていくことを想定したケースです。

夫婦２人の生活費が月々約26万円で、そのうち20万円程度が年金となるので、月々５・５万円ほどマイナスとなり、これが30年続くと２０００万円になるという試算です。これが、老後２０００万円の内容です。

しかしこれは、「今の制度のままでいけば」という前提ですし、あくまでも夫婦２人が健在で、年金を毎月２人分もらっていた場合、という内容になります。

もろもろの要素を考えていくと、**今現役で働いている世代に関しては2000万円ではまったく足りない可能性もあります。**受け取れる年金が大幅に減るかもしれませんし、近年は退職金も減少傾向にあり、フリーランスとして働く人も増えています。そもそもフリーランスには退職金という概念がありません。

このような事情を考えていくと、2000万円がまったく当てにならない数字だということはわかります。

では、年金をまったく当てにしない場合で計算したらどうなるでしょうか?

だいたい1億円程度の資産が必要になってきます。1億円というのは、まったく投資をしない単純計算で月々27万円程度の出費で30年分です。これくらいの資産があってようやく先ほどの試算結果と同じレベルの暮らしができる、という計算になります。

もちろん、時代が変われば働ける期間も延びてくるでしょう。物価も変わっているかもしれません。年金以外の形で生活保障が生まれてくるかもしれません。ですから、一概に1億円が必要だというわけではないのです。

しかし、**このような「老後2000万円」「実は1億円」というような数字だけ漠然と追いかけていてはお金のリテラシーは高まりません。**

お金についてのリテラシーを高めるポイントは大きく3つで、

1　今のお金の使い方を見直す
2　必要なお金を明確にし、一発逆転を狙わない
3　投資の正しい情報を身につける

この3点です。

まずは「使い方」で、この基本的な知識が身についていないことで失敗をしているケースがよく見られます。たとえばクレジットカードのリボ払い、不必要な保険への加入、家、車、教育、服など見栄のための出費、意味のない自己投資など、このような出費を見直すことが第一です。

投資をするにしても「小さな額」ではほとんど意味がありません。数十万円程度の元手でしかないのであれば、お金の使い方を見直し、投資資金を確保し続けて、投資を継続し、時間を味方につける以外にお金を増やす方法はないのです。

2つ目が、「とりあえず何でもいいから1億稼ぎたい」のように、一発逆転のギャンブ

ル的な思考をやめることです。宝くじがその代表ですが、確率の低いところに期待してはいけません。そうした「楽して儲けたい」という思考が、投資詐欺などに巻き込まれる原因にもなってしまうのです。冷静に、いくら必要なのかを見極めて目標額を設定することです。

3つ目は「投資」についての知識をしっかりと身につけることです。投資を怖いと考える人は多いのですが、それは「知らないから怖い」のであり、知らないから間違った選択をしてしまうのです。**リテラシーをしっかりと身につけていけば、どんな方法や商品がまっとうで、何がまっとうでないのかはすぐにわかります。**

まったくリスクのない商品はありませんが、貯蓄するようにコツコツと積み立てて投資をしていくのが資産運用の王道であり、プロの誰もが認める安全な投資となります。

それぞれ、詳しくはこのあとの項目でお伝えしていきます。

まとめ

老後2000万円を信じてはいけない理由

必要な数字は人それぞれ。数字に踊らされず、自分のケースで試算すること

投資・貯蓄・保険のリテラシー

02 ポイント10倍につられる人はお金が貯まらない人

前項で「お金の使い方」の知識が重要だとお伝えしました。お金の使い方について知らなければ、投資でも間違った方法を選びやすくなりますし、リスクも高まってしまいます。

では、お金の使い方で重要なことは何なのでしょうか？

考え方の軸にしてほしいのは、「大きい出費ほど見直す」ことです。

人生でもっとも出費が多いのは、「家」「保険」「教育」「車」「交際費」といった費用ですが、まずはこれらを見直していくだけで、無理に今の稼ぎを変えずとも手元のお金を増やすことができます。

ポイントは、次のようなところです。

〈出費を見直すコツ〉
1　エゴや見栄、まわりに合わせた出費を見直す
2　小さな節約にストレスをかけない
3　「ポイント還元」「キャッシュバック」など目先の損得に飛びつかない

1つ目は、見栄やエゴなどによる出費です。たとえば子どもを大学まで通わせると1人2000万円必要とも言われますが、必ずしもそうなるわけではありません。むしろ、「子どものため」と言いながら、必要のない塾通いや受験などを親のエゴで課している家庭も多いのです。もちろん次世代への教育はとても重要ではありますが、子ども自身の特性や希望を無視して「まわりに合わせる」ためだけのお金は、見直せる出費です。

同じことは車にも言えます。当然のように新車を買うのではなく、移動手段としての車であるならば、「なぜ中古車ではいけないのか？」と考えてみてください。服やアクセサリー、外食なども同様です。

「年収1000万円なのに貯金がない」という話もよくありますが、ムダに家賃の高い

■なぜ中古車ではいけないのか？

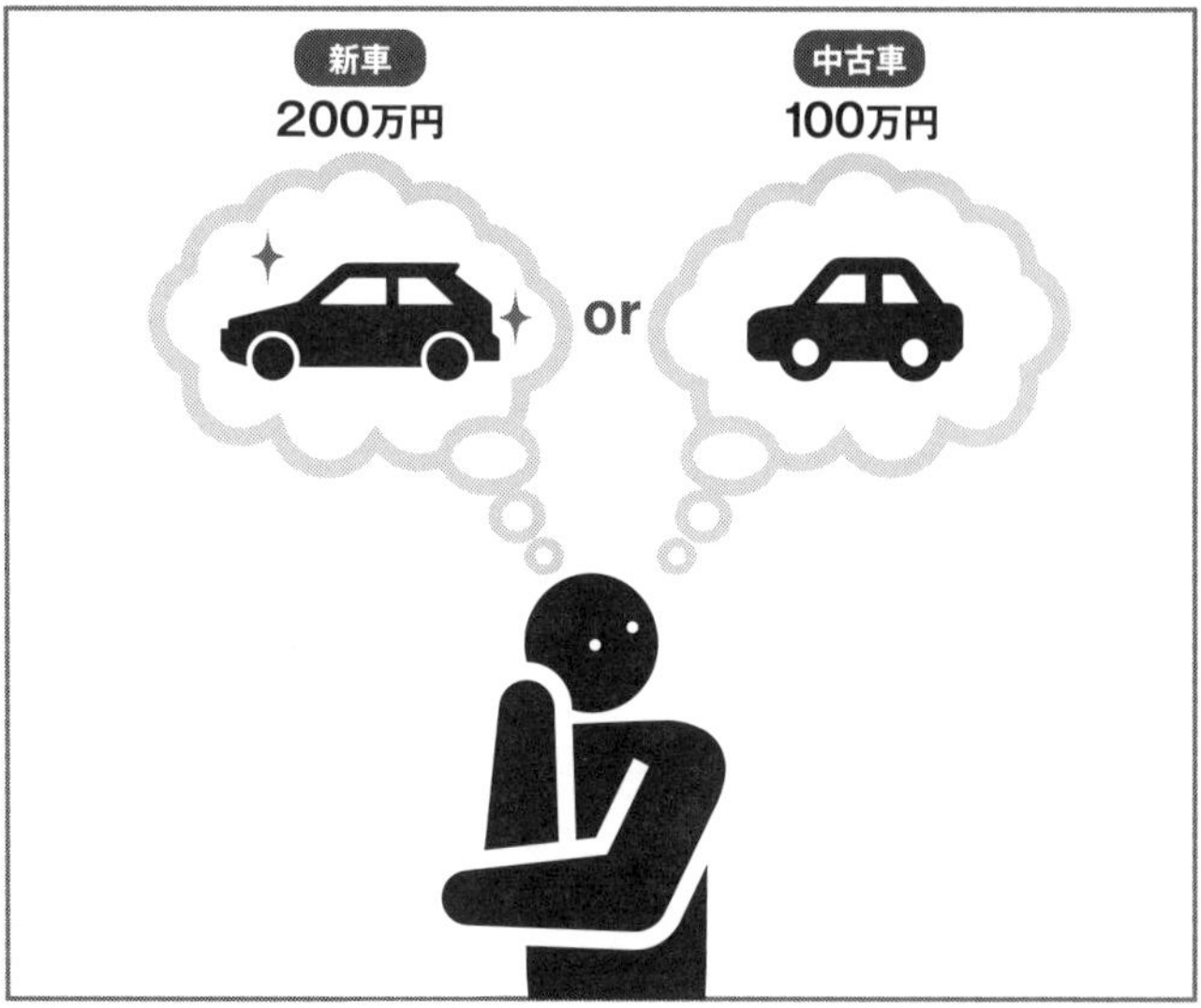

家・広い家に住んで固定費を上げたり、ブランド物を買って贅沢したりでは、手元に残らなくなるのは当然です。

「これだけは外せない」という出費があるのはいいのですが、あれもこれも全部外せない、では経済状況は変わりません。

「今日だけいいか」「今回は特別」はまた何度でも起きる、そう考えて見直してみてください。

２つ目は、「節約術」のような小さなことは基本的にやる必要がないということです。

「1日3円、1年で1000円以上お得！」のような節約は、時間や手間がかかる割に大きな効果は得られません。

もちろん趣味として節約すること自体が好きならばよいのですが、ストレスを感じる場合には負担のほうがデメリットになってしまいます。たとえば光熱費が高いのなら、「今より狭い家に引っ越す」など、やはり大きな視点で考えていくほうが節約効果は高くなります。

3つ目は、目先の損得にだまされないことです。「楽天」「アマゾン」などの通販サイトを利用する人も多いと思いますが、このような買い物で注意が必要なのはポイントなどにつられた余計な出費です。

「今日はポイントが10倍だから買う」「あともう1つ買うとポイントが増えるから買う」のように、必要のないものを買ってしまうのはお金が貯まらない人によくある傾向です。

「キャッシュバックキャンペーン」「2つ頼むと1つ無料」「ポイントサイトでお小遣い稼ぎ」などのような話も同様で、このような目先の損得に時間やお金を使ってしまうのは、「宝くじで一発逆転」と同じ「楽して簡単に」という思考に通ずるところがあります。

実際、ネット上の詐欺事件も増えており、ツイッターの「リツイートで現金1万円プレゼント」といった企画に応募した結果、投資詐欺に巻き込まれたというケースもあります

（詳しくは第6章を参照）。お金のコミュニティに入ったりすれば「事業投資」に誘われることなどもあるかもしれませんが、そのような話は確実に詐欺案件なので、必ず無視をしてください。そういった**公になっていない非公開の投資話は、資産を潤沢に持つ超富裕層の世界の話です**。残念ながら一般庶民のところには話が降りてこないということを肝に銘じておいてください。

お金は常にリスクとリターンです。無料だから得、安いからいいのではありません。この原則の上で、引き締めるところは引き締めていく必要があります。

まとめ

ポイント10倍につられてはいけない理由

目先の損得を追うと、結果的にお金を失うことにつながりやすいため

03 日本人は「保険に入りすぎ」。必要な保険は3つに絞れる

お金の使い方について、もう1つ、必ず見直してほしいのが保険です。

「大きな病気をしたときのための医療保険」「老後のための養老保険」「子どものための学資保険」……種類も様々増え、保険会社もあの手この手でプランを増やしています。

そもそも保険というのは、人の不安につけこんだ商品です。もしも病気やケガで働けなくなったら？　パートナーが倒れたら？　事故にあったら？　最悪のケースに怯《おび》えている人に対し、「安心させる」ための商品が、保険なのです。

結論から言えば、ほとんどの保険には入る必要がありません。**入るべき保険は最大3種類で、人によってはそもそも入る必要がないほどです。**

具体的には、次の3つになります。

1　扶養家族がいる場合には、「掛け捨ての生命保険」
2　持ち家の場合は「火災保険」
3　自家用車がある人は、「自動車保険（対人対物無制限）」

１つ目は「掛け捨ての生命保険」です。ただし、必要なのはパートナーや子どもなどの扶養家族がいる場合のみで、独身の場合には必要ありません。夫婦共働きの場合にはケースバイケースですが、月々数百円程度の保険をかけるという方法もあります。

２つ目は、持ち家がある場合には「火災保険」です。ほとんどの場合、住宅ローンを組む際に加入が義務付けられています。

オプションとして地震保険がありますが、地震保険は「地震で家が壊れた場合、当座の生活資金に充てる」という性格の保険です。全壊した場合でも、火災保険の半分までの掛け金しかおりず、家をもう一度建てる金額にはならないことには注意してください。

３つ目は自動車保険です。必須なのは事故を起こしたときの「対人・対物」への補償で、費用がいくらになるかわかりませんので、無制限のものを選ぶことをおすすめします。

一方、車両保険については必要ありません。高級車などであれば万が一のときに費用負担が大きくなると感じられる方もいるかもしれませんが、万が一のときに手元の貯蓄で対応できないようであれば、分相応でない車に乗っているということなので、車を見直すべきです（もちろん趣味嗜好として車に乗っている人の場合は、保険の費用を「贅沢」として割り切って考えるなら「アリ」ではあります）。

以上が必須だと考えられる保険ですが、**「独り身で賃貸物件に住んでいる」などの場合、そもそも保険は必要ありません**。

「がん保険」のような医療保険が必要なのではないかと考えるかもしれませんが、日本は高額療養費制度が充実しており、一定以上の金額は還付を受けられます。がん治療はよほどの資産家でない限りは健康保険適用の標準治療で進めていくものなので、必要ありません。フリーランスで、万が一のときのための収入補償がどうしても必要という場合以外は、入らなくていいでしょう。

また、保険会社に資産運用を任せる「養老保険」のような商品もありますが、これはまったくおすすめできない商品です。理由は次項でお伝えします。

保険商品全般に言えることですが、保険好きの日本人は、保険をあれこれ検討するよりも、万が一に備えるある程度の蓄えを確保するだけで大半の保険は不要になるということをまずしっかり認識しなければいけません。

まとめ

必要な保険は３つ

生命保険（掛け捨て）、火災保険、自動車保険で十分である

04 養老保険や外貨建て保険は、論外。保険はセールスマンから買ってはいけない

ほとんどの保険は入る必要がないと言いましたが、保険でもう1つ注意が必要なのは、契約の仕方です。

具体的には、保険はすべてネットで契約し、営業マンとは付き合わないことをおすすめします。セールストークで言葉巧みに説得してきますし、人柄のいい営業マンでは断るのが難しくなるなど、人を介すとついつい必要のないものを契約させられてしまうものです。実際、「営業マンに言われて何となく入っている」という人も多いのではないでしょうか。

特に保険でおすすめできない商品が、「養老保険」「外貨建て保険」「満期金のある貯蓄型生命保険」のような投資性・貯蓄性のある保険です。

営業マンは「半分損金になるので節税になる」「運用はプロに任せられるし、何も考え

■投資性のある保険は、掛け金の一部しか運用されない

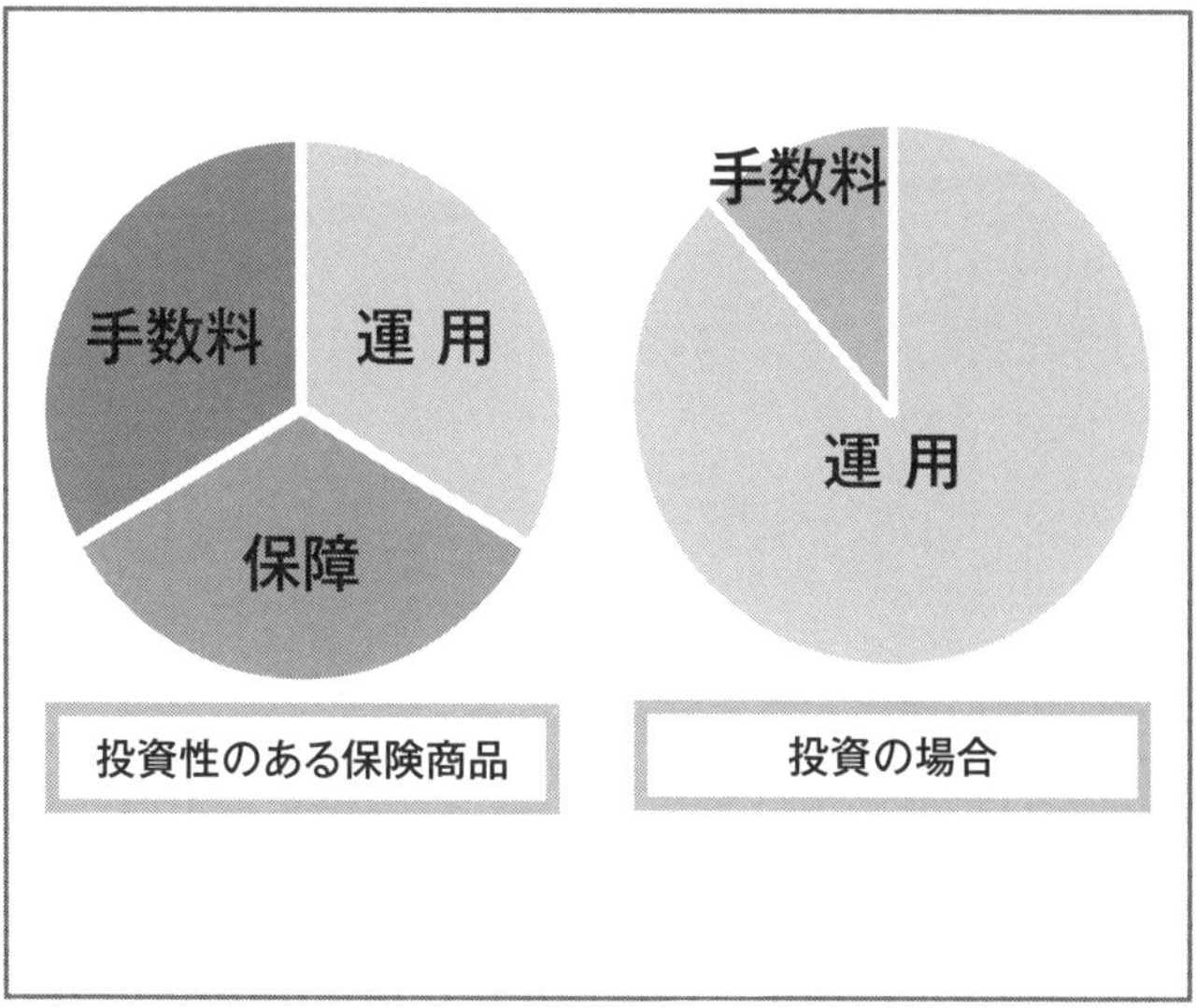

なくていいからラク」「外貨建てならリスクを分散できる」などと様々なアプローチで説得をしてくるでしょうが、資産運用を保険で行うのはまったくおすすめできません。

理由としてもっとも大きいのは「運用効率がとにかく悪い」からです。

たとえば月５万円を貯蓄保険に払っているとします。

純粋な投資であれば５万円すべて運用に回されます（手数料は発生します）が、保険会社では手数料や保障の分のお金が抜かれ、余った分が運用されているのです。

資産運用の効率は利回りと投入して

いる金額、何より続ける時間で決まりますので、**運用される金額が月1万〜2万円違えばのちのち数百万円以上の差になってきます**。

このような運用効率を考えれば、保険は保険、投資は投資として明確に分けて考えたほうが断然いいのです。

もしもすでに貯蓄性のある保険を契約している場合には、解約をして、戻ってきた解約返戻金《へんれいきん》を元手に資産運用を行うことを考えてもいいでしょう。

人に相談すれば「もったいないからやめておけば」と言われるでしょうが、長い目で見れば、間違いなく投資に回したほうが効率はよくなります。

なお、保険の見直しで「保険の総合窓口」に行ったり、比較サイトで比べる人もいるかと思いますが、どちらもおすすめできません。

保険の窓口も、結局は営業マンと同じで余計なものを提案してきますし、比較サイトに関してもほとんどのサイトがアフィリエイトによる収入が目的となっているので、中立な情報でない可能性が高いからです。そもそも非効率な保険と、非効率な保険を比べたところでどちらも投資としては非効率であることに変わりはありません。

保険を売りたい人に相談すると、最初は親身にデメリットなどもしっかり説明はしてくれますが、これも含めて巧みなセールストークの一部ですので、最終的にはメリットを多く聞かされ、入ったほうがお得のような気にさせられてしまいます。

とにかく、**保険は最低限に。ネットで安いものを契約する**、これが鉄則になります。前項で紹介した3つの保険であれば、すべて加入しても月々数千円程度で済むはずです。

まとめ

保険をセールスマンから買ってはいけない理由

間違いなく必要でないものを提案されるため。保険はネットで契約する

05 住宅ローンでは頭金を出さない、繰り上げ返済はしない

人生最大の買い物といえば、「住宅」です。家や環境の選び方のポイントについては第4章で紹介していきますが、ここではお金の面から家について考えていきましょう。

都市部に住む人を中心に「生涯賃貸」を選ぶ人も増えていますが、日本人の住居の6割は持ち家です。コロナ以降、家を買おうと考えた人も多いかもしれません。

そして、家を購入することになったとき、ほとんどの人は住宅ローンを組むことになります。ここでは、賢い住宅ローンの組み方について紹介しましょう。考え方のポイントは3つです。

1　月々の返済額は、額面の2割以下におさえる。手取りの2割が理想
2　頭金は出さずにすべてローンにする

3　繰り上げ返済はしなくていい

まず、もっとも重要な考え方は月々の返済額を額面収入の2割以下にすることです。一般的には額面の3割と言われますが、それでは多すぎます。額面の2割以下、欲を言えば手取り収入の2割以下にすることが理想です。

住宅ローンは一生ついてまわる固定費で、最大最悪の支出とも言えるものです。この金額が大きいと、結局食費や娯楽費などを削っていくことになり、ストレスにつながります。将来のお金の不安をなくしていくには、固定費は可能な限りおさえて、運用やちょっとした贅沢に回していくほうがよいのです。

限度いっぱいまでローンを組むのではなく、まわりの人たちに合わせるのではなく、自分自身の予算を決め、必ずその中で済ませる、という方針をおすすめします。

2つ目は、頭金を出さないことです。「借金はしたくないので、借入額を少なくしたほうがいい」と考える人も多いと思いますが、現状、日本の住宅ローンの金利は0・5%程度と極めて低水準です。住宅ローン控除を考えると、金利はほぼないに等しいのです。

そして3つ目は、繰り上げ返済をしないことです。「借金したくない」「金利がもったいいないから」と繰り上げ返済をする人も多いのですが、リテラシーの観点からすると、これらは間違った考え方だと言えます。

まず考えるべきは、借金がいい・悪いという話ではなく、**金利に対してお得な選択かどうかです。**

具体的にお得な選択とは何かと言うと、繰り上げ返済に使うお金を投資に回すことです。このほうがお金の使い方の効率はよくなります。

3000万円の住宅ローンを35年、金利0・5％で組んだとして、住宅ローン控除の期間が終わった15年後に500万円を繰り上げ返済したとしましょう。この場合、最大44万4000円分の利息を減らせます。

では、この500万円を利回り3％で運用した場合どうでしょうか？

500万円は、運用後5年で579万円6000円（プラス79万6000円）になり、この時点で繰り上げ返済をするよりもお得です。さらに15年運用すれば779万円（プラス279万円）となり、受け取り時の税金（運用益の20％）を考慮しても223万円のプラスになります。

このように、お金の使い方を変えればそれだけで大きな差が出るのです。

■500万円を繰り上げ返済した場合、運用に回した場合

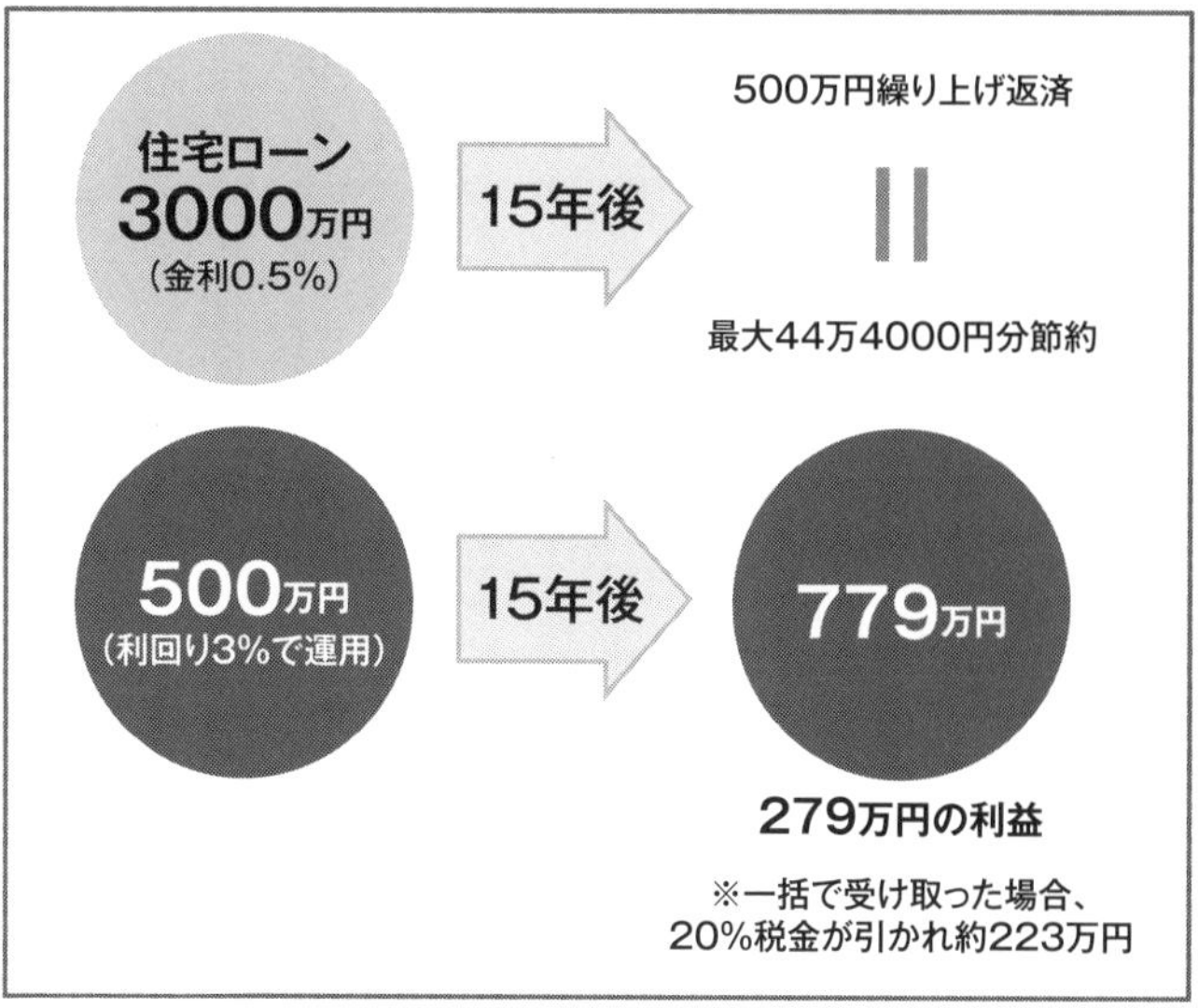

もしも今後、金利が上昇する、住宅ローン控除がなくなるなどの外部環境の変化があれば、そのときにあらためて繰り上げ返済をするべきなのかどうかを判断すればいいだけの話です。

また、忘れてはいけないのが、**繰り上げ返済したお金は取り戻せない**ということです。

繰り上げ返済せずに投資に回しておけば、万が一のときの備えにもなります。

もちろんタイミングによっては利益が出ないケースもありますが、万が一に備える蓄えを繰り上げ返済してわざわざ手放す必要はありません。

このようにお金というのは、「広い視野で合理的に考えた者勝ち」です。欲や不安をあおる情報に惑わされず、必要なお金やその作り方について考えていきましょう。

まとめ

頭金を出さない、繰り上げ返済をしなくていい理由

住宅ローンの金利は低く、現金は投資に回したほうが利率がいいため

投資・貯蓄・保険のリテラシー

06 リボ払いや銀行への預金が「リテラシーが低い」お金の使い方になる理由

ここからは、具体的な資産運用の方法について紹介していきましょう。

資産運用でもっとも重要なのは、金利とリスクについての考え方です。

たとえば、銀行員、投資家、税理士、ＦＰなど「お金のプロなら絶対にしない」というお金の使い方があるのですが、たとえばその代表は「リボ払い」です。大手の金融機関も「支払いは毎月一定額で安心」といった宣伝をしており、健全・安心なイメージがあるかもしれません。

しかし、リボ払いというのは要するに借金です。しかも安心どころか年利が凶悪で、どの会社も15％程度に設定されています。法定金利の上限設定です。

年利15％がどれほど凶悪かは、投資に置き換えるとわかります。投資で年利（利回り）15％以上を見込める方法は、ＦＸのようにリスクが非常に高い商品に限られます。一般的な投資信託ではよくて6～7％といったところです。

お金の世界は「リスク」と「リターン」を天秤で考えることが絶対のルールで、利回りが高い投資ほど損失のリスクも高くなります。

もしも「利回り15％で安全な投資！」と説明される商品やビジネスがあれば、それは詐欺だと言って間違いありません。15％というのはそれくらいの金利なのです。

では、利回りとリスクは具体的にどのように考えればいいのでしょうか？

あくまで目安ですが、**「予想される利回りの5～6倍程度は元金が減る可能性がある」**と考えるとわかりやすいでしょう。

つまり、「利回り10％以上」の投資商品なら「マイナス50～60％」（＝100万円が40万～50万円）になる可能性があり、「利回り5％」なら「マイナス25～30％」（＝100万円が70万～75万円）程度になるという考え方です。

もちろんこれが絶対でもないですしこれ以上にマイナスとなる可能性もゼロではありません。

ですから、単純に利回りの数字さえよければいいということではありません。目的をしっかりと持ち、リスクを明確にして、ワーストケースも想定した上で何にいくら投資して

■72の法則

元手が2倍になるまでの年数（概算）	
金利（%）	かかる年数
0.001	72000年
0.002	36000年
0.005	14400年
1	72年
2	36年
3	24年
4	18年
5	14.4年
6	12年
7	10.3年
8	9年
9	8年
10	7.2年

いくのか考える必要があります。

ここまでの話を聞くと、そんなリスクがあるのなら投資なんてしないほうがいいと思うかもしれませんが、ワーストケースに対応するための投資のやり方、考え方については後述していきます。

参考として「72の法則」というものがあり、これは「72÷金利」＝「手元のお金が2倍になるまでにかかる年数」がざっくりわかるというものです。

たとえば一般の銀行の預金金利は、定期預金で0・002％程度です。倍になるまでにはなんと3万6000年もかかる計算です。

ところが、金利が1％でも上がると年数が一気に短縮されるのがわかります。

この結果を見れば、資産運用のプロが預金をすすめない理由がわかるはずです。

投資は危ない、銀行の預金は安全だと考える人もいるかもしれませんが、銀行も民間企業なのです。潰れるときは潰れます。

銀行は倒産した際、ペイオフで1000万円までは保証してくれますが、それ以上は戻ってきません。何より、今後急激なインフレが起きないとも限らず、手元のお金が未来でも今と同じ価値を持っているかはわかりません。

ですから、預金は基本的に「日々の生活と万が一のためのお金」と考え、それ以外は投資に回すというのがリテラシーの高い考え方です。

具体的には、**生活で必要なお金を数ヶ月〜1年分くらいは預金しておいて、あとのお金は投資に回す**ことをおすすめします。

投資についての考え方は、このあと詳しく紹介していきましょう。

まとめ

リボ払いや銀行預金が「悪手」となる理由

金利とリスクについて考えられていない選択のため。
金利の高すぎる投資や借金はせず、預金は必要最低限にする

07 ギャンブルになってしまう投資と堅実な投資の違い

投資について勉強をはじめると、様々な種類・方法があることに驚くかもしれません。自分で株を売買する方法もありますし、投資信託のような金融商品もあれば、債券、FXや仮想通貨、不動産などもあります。

ですが、まずはこのような投資対象を考えるのではなく、投資の方法について理解しておきましょう。

投資には大きく2種類、「長期的な視野で行う投資」（長期投資）と「短期的に利益を上げていく投資」（短期投資）があります。

投資のプロたちが初心者におすすめするのは、前者の「長期投資」です。長期投資は、貯蓄するようにコツコツと投資をしていき、時間をかけて複利効果で元手を増やしていく運用方法です。その性格から資産形成・運用に向いています。

株式や債券などがありますが、初心者におすすめなのは投資信託です。投資信託とは、金融機関がお客さんから預かった資金を元手に株や債券などを運用していき、お客さんはその配当をもらうことができる、というパッケージ商品です。

運用自体はプロが行うので、自分の判断で「何の株を買おう、売ろう」と判断する必要がありません。後述しますが、投資はまず投資信託から始めるのが王道です。もちろん初心者だけでなく、投資の上級者やプロたちも、投資信託を利用しています。ただ、投資信託でおまかせという場合でも、その投資信託が何に投資されているのかはしっかり把握しておく必要があります（詳細については後述）。

もう1種類の「短期投資」についてですが、手段としては株式、FX、仮想通貨、バイナリーオプションなどが挙げられます。

短期投資がおすすめできないのは、「そのとき一瞬が勝負」の投資だからです。すぐに元手を増やせるのがメリットではありますが、その分リスクも非常に高いです。すぐに「メンタルがものを言う世界」とも言われており、運用には高度な知識と経験、プレッシャーに負けない強いハートが必要になる「投資のプロの領域」です。

「すぐにお金が増やせる」と素人がギャンブル感覚で行うのがもっとも危険なので、「ち

ょっとやってみよう」という程度では絶対に手を出さないようにしてください。泥沼にはまってしまいます。

長期投資と短期投資にはこのような差があるのですが、資産形成と運用の基本は「プロに任せた長期投資」です。**知識や経験の少ない最初の段階では「投資信託一択」に絞り、銘柄の選び方を理解していく**ことをおすすめします。

自分で個別株を売買してみたい、短期投資で早くお金がほしいと考える人がいるかもしれませんが、最初はリスクの高い投資は避けるべきです。

ネット上には「投資でうまくいっている人」がたくさんいるように思うかもしれませんが、ごく限られた例外ケースだということを忘れてはいけません。珍しいから取り上げられる、目立っているだけなのです。

そもそも、どんな分野でも「専門家」になるには10年程度の経験や知識は必要になります。1日8時間以上、ナマのお金の情報にふれているプロたちと、他に本業を持ちながら空いた時間で投資の勉強をする人とでは、埋まらないほどの大きな差があるのです。

何より、金融市場は日中に開いています。本業のある人がヘタに売買を始めてしまうと、気になって仕方なくなります。特にFXのようなハイリスクな投資を始めると仕事が手につかなくなってしまうでしょう。ですので、投資を検討するときには、「自分のライフスタイルとマッチするのか」という点は、実はとても重要な要素です。

「ここに投資すれば間違いない」という情報もよくありますが、投資も他の分野と同じで「誰でも・楽して・簡単な世界」はありません。

地道な知識の積み重ねと、経験による改善でコツコツやるのが正解なのです。

投資で挫折する人の多くは、「やっぱりよくわからない」「損したからやめた」と、途中で勉強も運用も投げ出してしまいます。

しかし、正しい運用を知れば、このようなことは避けられます。右も左もわからない状況では、まずは手堅い投資信託から始め、運用をしながら経験を積んでいき、正しいお金の知識を身につけるのがリテラシーの高い手順なのです。

まとめ

ギャンブルになる投資と、堅実な投資の違い

平日時間が取れない人にとって、個別投資はリスクが高い。投資信託から知識をつけていくのが王道

08 資産運用の王道は投資信託。プロ目線の選び方、6つのポイント

投資の第一歩には、投資信託がおすすめだとお伝えしました。

投資信託は初心者にとって最適な投資対象であるのとともに、実は投資のプロも投資信託を使っています。それほどに「王道」な金融商品なのです。

投資信託が優秀な点は3つあり、1つ目は運用をプロに任せることで手間とリスクを減らせること。2つ目は、資産運用は「長期分散投資」が大原則で、複利効果で資産を増やしながら、投資の対象を分散させてリスクを減らしていくものです。その点、投資信託はパッケージ商品なので、買った時点で分散投資が可能になります。3つ目は、月々100円からでも始められ、ハードルが低いことも特徴です。

しかし、投資信託はあらゆる金融機関が販売しており、その数は数千種類とも言われています。内容や特徴も様々なので、まずは見極めるポイントを紹介しましょう。大きく6

点あります。

〈投資信託の選び方の基本〉

1　インデックスファンドを選ぶ
2　「つみたてＮＩＳＡ」に選ばれている銘柄であること
3　純資産残高が増えている投資信託であること
4　分配金が再投資される投資信託であること
5　信託報酬が０・３％以下であること
6　特定の国に偏ることなく分散投資されていること

１つ目は、インデックスファンドの銘柄を選ぶことです。

投資信託にはインデックスファンドとアクティブファンドの2種類があり、インデックスファンドは日経平均やＴＯＰＩＸ（東証株価指数）などの指数に連動させる王道の運用方針で、保有コストである信託報酬も安くなっています。

一方のアクティブファンドは運用担当の独自の方針で銘柄を選ぶというものです。ハイリターンを狙っている分、ランニングコストである信託報酬が高くなり、選び方にも知識が必要になってきます。難易度が高い玄人向けの商品なので、最初はインデックスファンドから始めるのが手堅いのです。

2つ目は、「つみたてNISA」に選ばれている銘柄を選ぶことです。なぜなら「つみたてNISA」に選ばれている銘柄は国が対象を選定しているので、初心者にも安心の投資信託が多くなっています。つみたてNISAは投資信託の浸透を目指す国の制度で、毎年40万円まで、20年間で最大800万円までは非課税で投資信託が購入できるというものです。

つみたてNISAを始めるには、証券用の口座を開くときにNISAの口座設定を行います。NISA口座が設定できるのは、持っている証券口座のうち1つだけになります。手数料が安く、取引銘柄の多いネット証券の口座を選びましょう。

3つ目は「純資産残高」で、その投資信託が投資家たちに買われているかどうかを見るパラメーターになります。**右肩上がりになっているものは投資家の注目を集めているということであり、良質な投資信託**だと考えられます。一方で、横ばいになっていたり、右肩下がりの傾向にあるものは避けるのが無難です。

■純資産残高が右肩上がりのものを選ぶ

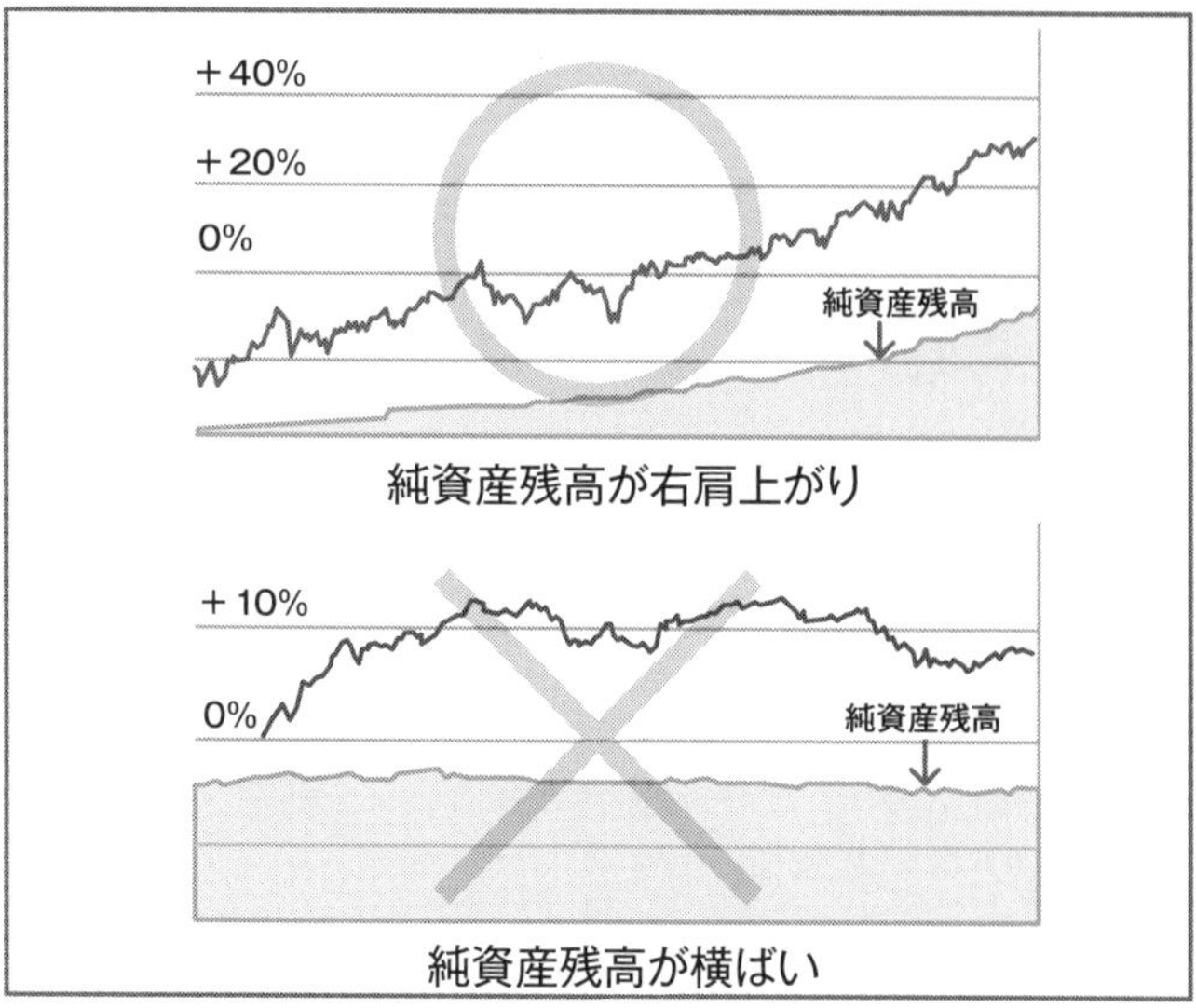

４つ目は「分配金が再投資される投資信託」で、投資信託は運用益によって配当収入が生まれます。この配当収入は、自動的に再投資に回されるほうがいいのです。

というのも投資信託は長期が鉄則なので、少額の配当を受け取るのはおすすめできませんし、自分でいちいち再投資するのは手間につながります。

５つ目は信託報酬についてで、これは投資信託を運用してもらうための費用です。当然安いほうがよく、目安としては０・３％以下のものを選んでください。

高いものだと２～３％の場合があり、

仮に100万円を5%の利回りで運用したとすると、105万円です。しかし、信託報酬が3%だと3万円引かれて、102万円になってしまいます。非常にインパクトの大きい数字なのです。前述したアクティブファンドの場合、このように信託報酬が高くなります。

6つ目は、投資対象に偏りがないことです。投資でリスクをおさえるには分散が必須で、「日本だけ」のように特定の国の銘柄に絞ったものではなく、「全世界」を対象にしている銘柄を選ぶようにしてください。

ただし、アメリカに関しては世界規模の企業が多く、グローバルでのシェアが高いのが特徴です。そのため、アメリカに偏った銘柄の場合は、選んでも構わないと考えられます。

これが、投資信託の王道の考え方となります。ネット証券で条件を絞り、ランキングを見てみてください。銘柄はだいたい5種類くらいに絞られているはずです。

その中から目論見書・運用報告書を比較しながら、よりよいと思われる銘柄を選びましょう。この目論見書、運用報告書の中身は必ず確認するようにしてください。**投資対象の違い、運用を目指す指数の違い、コストの違い**、このあたりは最低限確認してから購入するようにしましょう。

記載されている内容がそもそもわからないということであれば、まずは言葉の意味が理解できるリテラシーは身につけてから投資に望んでほしいところです。
あくまでも2021年5月現在の情報となりますが、具体例を出すと次のような銘柄がおすすめの一例となります。

・eMAXIS Slim 全世界株式（オールカントリー）・・・世界中の企業の株が対象
・eMAXIS Slim 米国株式（S&P500）・・・アメリカ市場主要500社の株が対象
・eMAXIS Slim バランス（8資産均等型）・・・あらゆる金融資産が対象

ただし重要なのは、「具体的にどの銘柄がいいのか」という情報ではなく、いい銘柄を選ぶための目と知識をつけていくことです。新商品も続々と生まれてきますので、前述のポイントと合わせながら、定期的に情報収集・見直しをしてみてください。

まとめ

最初は投資信託から始めるべき理由

プロによる運用で、そもそもリスク分散ができているため。金額的にも始めやすい

09 金融機関がおすすめする商品を選んではいけない

前項では、投資信託の選び方について紹介しましたが、逆に「選んではいけない」投資信託について考えてみましょう。

金融機関も商売としてあの手この手で新しい商品を開発しており、投資初心者やお金のリテラシーが低い人などをカモにしようとしていることが多々あります。

代表的なものは3つで、

1　銀行や証券会社の人がすすめる投資信託
2　手数料の高い投資信託
3　レバレッジ型の投資信託

１つ目ですが、金融機関の人にすすめられる商品を買ってはいけません。なぜなら、銀行も証券会社も自分たちにとって実入りのいい商品を積極的にすすめるからです。

窓口に行かずとも、ほぼすべての投資信託はネット証券で購入できます。もしもその金融機関の窓口でしか買えない商品があったとしても、それは「金融機関が売りたい商品」なので無視して構いません。

２つ目は、手数料です。保険と同じで人を介さないことが重要です。

手数料と一口に言っても、「①購入時の手数料」「②信託報酬」「③信託財産留保額」「④解約手数料」があります。

まず、①は購入時、③と④は解約時にかかる手数料ですが、これらがかかる商品はまず買わないようにしてください。そして②の信託報酬は、前項でお伝えしたように０・３％以下を目安にしましょう。安ければ安いほどよいです。

３つ目は、「レバレッジ型」の投資信託です。レバレッジというのは「てこ」のことで、うまくいけばかけた金額よりも高いリターンを得られ、失敗すれば大きく損するという投資方法です。レバレッジが2倍であれば、儲けも2倍、損も2倍というわけです。

この仕組みを投資信託に導入したのがレバレッジ型投資信託で、値上がりのときに有利になる「ブル型」、値下がりのときに有利になる「ベア型」といった商品があります。

ギャンブル好きの心をくすぐる商品なのですが、長期の保有にはまったく向きません。投資信託は長期保有が大原則なので、**そもそもの商品コンセプトが投資信託とマッチしていないのです**。また、信託報酬も通常のものと比べて2倍〜4倍と非常に高く設定されているのも、まったくおすすめできない点です。

このような商品はいくらでもありますので、目先のメリットにだまされないよう、注意してください。「買ってはいけない」ポイントが見えてくると、複雑に見える金融商品にも見極め方があることがわかってくるのです。

まとめ

金融機関がおすすめする商品を選んではいけない理由

金融機関にとって都合のいい商品を売られるため。購入はネット証券で

投資・貯蓄・保険のリテラシー

10 超富裕層向けのプライベートバンカーが「客に買われると困る」投資商品

投資信託と並び、どんな投資のプロでもほぼ必ず投資している商品があります。**「米国ＥＴＦ」で、アメリカの証券会社で上場し、市場で売買できる投資信託**のことです。

なぜ、そんなにも人気があるのでしょうか？

まず他の商品に比べて市場規模が圧倒的ということです。ＥＴＦの純資産残高は５・９６兆ドル（２０１９年11月末）ですが、この金額の７割を占めているのはアメリカです。

なぜシェアが大きいといいのかと言うと、「お金はお金の集まるところに集まる」からです。03年時点のアメリカのＥＴＦ市場は１５１０億ドルでしたが、その後16年間で４・１７兆ドル（約28倍）まで増えています。

また、これだけシェアのある市場なので、世界中の企業の株や債券、金融商品が集まっており、「分散投資」という意味でも非常に有効な手段になります。

さらに、もう1つおすすめできるのは保有コストが安いことです。超富裕層向けのプライベートバンカーは、クライアントに米国ETFを買われるのを嫌がるという話があります。手数料が安く、自分たちの儲けにならないからです。

参考として、「eMAXIS Slim 米国株式（S&P500）」の保有コストは0・141％程度なのに対して、S&P500に連動している米国ETFでは0・03％と、およそ3分の1の低水準になっています。

購入時の売買手数料、為替手数料は別途必要になりますが、頻繁に売買しない長期保有として考えれば保有コストが断然お得なのです。

このように優秀な商品ですが、無条件でおすすめというわけではなく、もちろん注意点もあります。

〈米国ETFの注意点〉

・一口「300ドル以上」など、ある程度のお金が必要
・自動積立はできない
・年に一度配当収入が発生してしまい、自分で再投資する必要がある

・配当金には所得税に加え、アメリカでの所得税も10%かかる
・ドル円の為替リスクが発生する

一般的な投資信託であれば100円からでも購入できますが、米国ETFでは一口300ドル（約3万円）程度は必要です。毎月定期的に投資できないと投資効率が悪くなってしまうので注意してください。

また、自動引き落としはできないので、毎回自分で購入する必要があります。さらに年に一度、必ず配当収入が発生してしまうのも注意点です。この配当収入には所得税とアメリカでの所得税が10%かかります。確定申告で還付を受けることができるのですが、その点の手間も検討してください。

もう1つ忘れてはいけないのは、米ドルの為替リスクです。米国ETFは米ドルで購入する金融商品なので、ドル円の為替変動の影響を受けることになります。安定通貨のドル円であったとしても、相場によって数十%変動するケースも多々あるので、しっかり認識しておかなければいけません。

ただ、これは国内の投資信託であったとしても同じです。海外に投資をしている場合、

為替リスクは常に発生しています。つまり、投資信託でも同様の為替リスクは抱えている状態ですので、実態に大きな差はありません。

この為替リスクに関して言うと、実は**米国ETFのほうは米ドルの為替リスクのタイミングをずらすことができるという大きなメリットがあります。**

たとえば前述した「eMAXIS Slim 米国株式（S&P500）」に投資をしていた場合、購入時・売却時には、そのタイミングのドル円レートで強制的に売買されてしまいます。しかし、米国ETFであれば、購入時にもともと持っていた米ドルで購入すれば購入時のドル円レートは関係なく取引できますし、売却時も米ドルのまま保有しておけば、売却時のドル円レートは関係ありません。

この投資成果と為替リスクのタイミングをずらすこともできるという選択肢を持っておくということは、投資の世界において大きなメリットになります。その観点でも米国ETFは使い勝手がいい金融商品です。

総じて言うと、投資規模が大きくないと受けられるメリットも少なくなるので、**ある程度資産ができてきた投資中級者以上におすすめの投資**とも言えます。

もちろん、初心者でもお金に余裕があるならばおすすめできますが、つみたてNISA

の非課税枠（年40万円まで）があるならば、そちらを先に利用するという手もあります。使えるお金、投資の目的とあわせて、商品のメリット・デメリットをしっかり調べていくようにしてください。

まとめ

米国ＥＴＦが人気な理由

市場規模が圧倒的で、リスク分散にも最適なため。ただし、一般の投資信託より資金は必要

11 中級者・上級者になったら「債券投資」を考える

投資の王道は投資信託で、最初は投資信託から始めるのがベストです。

しかし、もちろん投資には他にも様々な選択肢があります。その中で投資を始めてある程度の資産規模となった中級者以上におすすめできるのが債券投資です。

債券とは、国や企業などが投資家から資金を借り入れるために発行する有価証券のことを言います。会社が倒産したときには、株式よりも債券が優先して支払われるため、株よりもリスクが低いと考えられています。

実際コロナショックの際、先進国株式のインデックス指数は約マイナス35%下落しましたが、先進国債券のインデックス指数は約マイナス5%と下落幅は小さく済んでいます。

その分**株よりも利回りは小さい傾向なのですが、「資産を守る」のに適していると言われます**。つまり、債券投資は投資そのものが難しいという意味で、中級者・上級者向けというわけではなく、資産がある程度増えてきた段階の資産防衛という観点で中級者・上級者になったら考えていくべき金融商品ということです。

商品を選ぶ際には、債券ごとのリスクについて理解しておくことが重要です。たとえば、国債と社債では国債のほうがリスクは低くなります。

さらに、社債の中でも格付会社によるリスクの差があります。S&P社を例にとると、最高の「AAA」から最低の「D」までの幅があり、「BB」までが投資に向いている（投資適格）という格付け、「BB」以下は投機的でリスクが高いという指標になります。

「AAA」のように安全な銘柄が中心となる商品では利回りも少なくなりますので、リスクをどこまでとれるかが重要になってきます。

具体例を出すと、米国債券ETF「SHY」という商品は、アメリカの短期国債（期限が1〜3年）に投資し、運用している商品です。

この商品は、「3年以内にアメリカが破綻しない限り、安全な投資先」とも言え、コロナショックのときによく買われて価格が上昇しました。

将来的に株価の大暴落が起きたとしても、このような商品を持っておけば生活面で必要

■S&P社の信用格付け

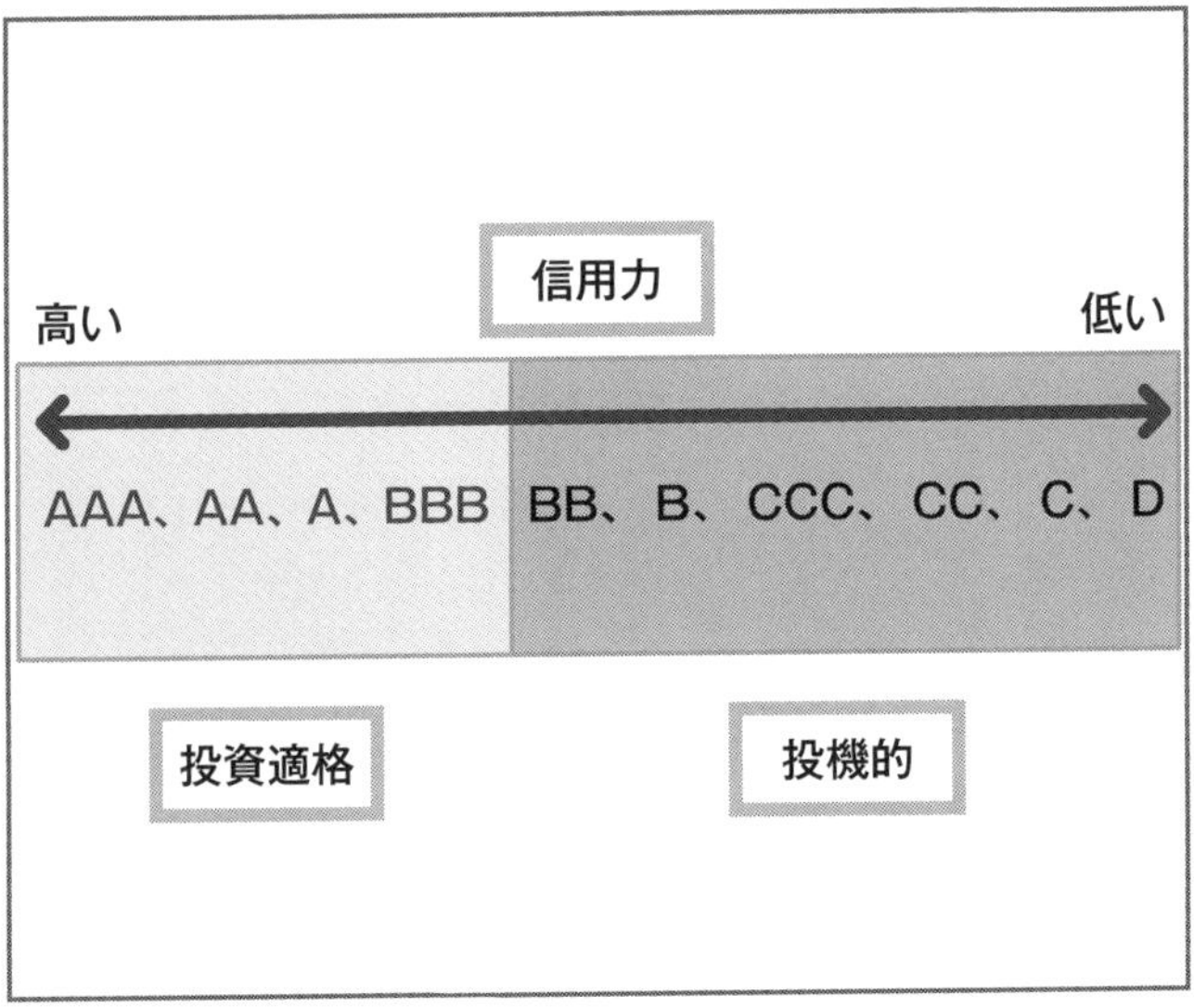

になる費用などを守ることができるのです。

また、少しリスクをとってもいいというのであれば、米国債券ETF「AGG」という商品は運用対象にいろいろな会社が発行している社債も含まれており、米国のリスクよりも一企業のリスクのほうが高いわけですから、その分、債券投資の中では利回りがよくなっています。

このように、運用に含まれる内容でリスクとリターンも変わってくるのです。

なので一言で債券投資と言っても、いざというときの資産を守るためなのか、銀行に預金しておくよりは金利のいいほうに預けておきたいのか、株より安全、だがその中でも利回りの高いものを選びたいのかなど、投資の目的をはっきりさせておくことで判断しやすくなります。

まとめ

中級者以上は債券投資を考えるべき理由

ある程度の資産規模になったタイミングでは、守ることも含めて投資を考える必要があるため

12 投資で失敗しない人が必ず守っている3つの鬼ルール

投資を始めて資産がある程度できてくると、必ずと言っていいほど「もっと利回りの高いものに投資したい」「もっとお金を増やしたい」という欲が出てきます。

しかし、これが大きな失敗のもとです。目先の損得に惑わされずに、長期的な視野で資産運用をしていくにはルールが重要になってきます。

手堅く投資ができるプロは、次のようなルールを徹底しているのです。

〈投資で守るべき「鬼」ルール〉

1 アセットアロケーション（資産配分）
2 リスクコントロール
3 出口戦略

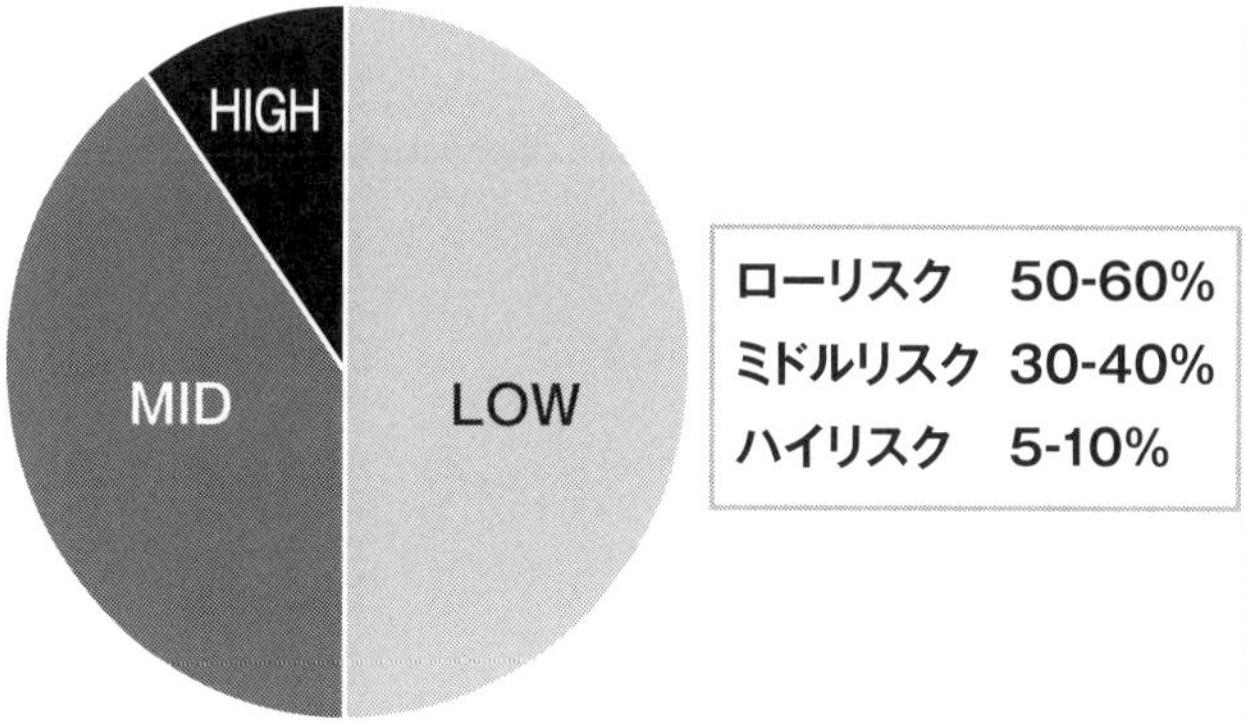

アセットアロケーション
（資産配分）の例

１つ目のアセットアロケーションとは、自分の資産のうち、どの金融資産に何割分配するのかという考え方です。資産にも現金、株、債券、不動産などがありますが、それぞれの特徴・リスクとリターンを理解し、分配を考えていきます。

たとえば**リスクの低い商品を全体の５〜６割、中リスクのものは３〜４割、残りを高リスクの商品**といったバランスを決めておかないと、投資の方針がぶれやすくなります。

これには金融商品の特性を理解しておくことも必要です。たとえば金《きん》は価値が落ちることがない」とよく言われます。

希少価値が高くて値崩れしづらいのは事実なのですが、だからといって値上がりを期待して購入するものではありません。金は、資産がすでにある人が「リスクを低く資産を守りたい」というときに効果を発揮する商品なのです。このように、金融資産には適材適所があります。

このような金融資産の特徴と、自分の収入・資産・ライフステージをふまえてアセットアロケーションを決めます。そして、この方針を絶対に崩さないことが重要です。

2つ目はリスクコントロールについてです。たとえば働き盛りの30代で定期収入のある人ならば、リスクの高い投資を行っても、ある程度の範囲ならば損してもカバーがききます。しかし、年金収入しかない人がリスクの高い投資に手を出すと、失敗すれば取り返しがつかなくなってしまうのです。

今の自分であれば、何万円、何十万円、何百万円の損なら許容できるのか、このリスクを明確にしてから投資に臨んでください。そしてこの許容できるリスクから逆算してどの資産にどれくらいの金額を投資できるのかを考えるようにしてください。

金融機関は常に時代やトレンドに合わせた新商品を投入してきますが、目先の利回りを重視して投資を考えていくと、必ず惑わされて失敗しやすくなります。そうならないよう、許容できるリスクをいついかなるときもきちんと管理してください。

３つ目は、出口戦略です。どうなったときに売るのか、いつになったら売るのか、どこまで資産形成を行い、どこから資産運用のステージに入るのか、具体的な数値を決めておくことで投資判断が明確になっていきます。

たとえば個別株を自分で購入する場合、「１株何円になったら買うか」「１株何円になったら売るか」「何円損したら売って損切りするか」などを最初から決めておき、必ずその通りに行動します。

このようなルールを決めておかないと、気分や焦りで間違った判断をして、結果的に大失敗をしてしまうのです。

投資のプロは、このようなルールを徹底し、リスクとリターンのバランスをうまくとっています。そのため、一般人に比べて圧倒的に運用が安定しているのです。投資を広げていく段階になったとき、また今の投資を見直す際に考えてみてください。

なお、より投資の知識を深めていきたいという場合、大きく２つの勉強があります。「ファンダメンタルズ分析」と「テクニカル分析」です。

「ファンダメンタルズ分析」は主に長期投資向けで、企業の財務状況や業績をもとに、その企業の本質的な価値と、株価とのギャップを分析していくものです。「株価が上がってるけど、本当にそんな実力があるのか？」といった見極めのための勉強です。

一方、短期投資の場合には「テクニカル分析」が重要で、相場の動く方向を分析する「トレンド分析」や、株価に対して売られすぎ・買われすぎを判断する「オシレーター分析」などがその内容になります。

もちろん、こうした勉強は必ずしも必要なわけではありません。一般人が投資をする場合には、難しいことをしすぎず、王道の投資信託から始めていき、徐々に知識を増やしていくのが一番の方法でしょう。

まとめ

投資のプロが失敗しづらい理由

「リスクとリターン」のルールを徹底して崩さないため

第 2 章

仕事

転職・独立のリテラシー

「転職」監修 **末永雄大**
（アクシス代表／転職エージェント・ヘッドハンター）

「独立」監修 **河合克仁**
（アクティビスタ代表／筑波大学非常勤講師）

LITERACY
ENCYCLOPEDIA

第2章
仕事

PROFILE

「転職」監修

末永雄大
(すえなが・ゆうた)

新卒でリクルートキャリア（旧リクルートエージェント）入社。リクルーティングアドバイザーとして様々な業界・企業の採用支援に携わる。その後、サイバーエージェントに転職し、アカウントプランナーとして、最大手クライアントを担当し、インターネットを活用した集客支援をおこなう。2011年にヘッドハンター・転職エージェントとして独立。2012年アクシス株式会社を設立し、代表取締役に就任。
月間45万人の読者が読む転職メディア「すべらない転職」の運営や、キャリアに特化した有料パーソナルトレーニングサービス「マジキャリ」など多岐にわたるキャリア支援サービスを展開。転職エージェントとして20代向けの転職・キャリア支援を行いながら、インターネットビジネスの事業開発や大学・ハローワークでのキャリアについての講演活動、ヤフーニュースや東洋経済オンラインでの寄稿など幅広く活動している。著作に『成功する転職面接』（ナツメ社）『キャリアロジック 誰でも年収1000万円を超えるための28のルール』（実業之日本社）がある。

転職のリテラシー

13 年収や会社のブランドではなく「職種」を軸に選ぶべき理由

　ここからは「仕事」、特に転職について考えていきましょう。

「転職でキャリアアップ」といった宣伝はよく見かけますが、年収が上がる転職は簡単なことではありません。実際に経験してみると、「思ったほどいい転職先がない」となるかもしれません。

　それには理由があり、初めて転職を考える人の多くは「今までとは違ったことをしてみたい」と転職に臨む場合が多いからです。

　新卒採用では本人の可能性を重視したポテンシャル採用がありますが、中途採用で求められるのは「即戦力」になります。

　そのため、未経験の職種を選べば条件は下がってしまうのです。たとえば30代前半で未経験の人がマーケティングの職種を選んだ場合、採用がなかなか決まらないか、決まっても給与面では数割は落ちるでしょう。

いくら別分野で実績ややる気があったとしても、その職種は「未経験」であることには変わりないからです。中途採用では、「その分野の経験者」と枠を争っていることを忘れてはいけません。

そのため、転職で条件を上げていくには「同じ職種」で仕事を選んでいくことが基本的な作戦になります。**1つの専門分野を磨いていって、マネジメントを経験しながら実績をつけていくことで条件のいい転職が可能になってくる**、というのが王道の考え方なのです。

一方、おすすめできないのが「会社名」のブランドや「転職1年目の年収」また「カッコよさそうな職種」など、イメージや目先の年収を重視した転職です。

もし人気企業に転職できたとしても、配属された先が自分の積み上げてきた職種と噛み合わなければ活躍しづらいですし、もう一度転職するときの選択肢は狭まります。また、大手企業の場合は「社内転職」のように部署を回されるケースも多いですから、専門性を磨くという意味では将来的に不利になることもあるのです。

転職でもっとも重要なのは、職種の経験値なのです。その意味では、一時的に年収が下がるとしても、「その会社だからこそ経験できること」「次につながる実務経験」が積めるのであれば、会社のブランドや規模にこだわる必要はありません。

そもそもの話、**どんな仕事を選んだってやることは泥臭いことなのです。どれだけ派手に見える仕事の裏にも相応の悩みはついて回ります。**

「マーケッター」「事業企画」「戦略コンサルタント」のように、何となくカッコよさそう、やりがいがありそう、といったイメージを先行させるのではなく、実際にはどんなことをしているのか？　実務の内容と必要なスキルを調べてみてください。

上手にキャリア設計している人は、実際に仕事をしている人の話をよく聞き、自分の適性も考えながら仕事を選んでいます。

まとめ

年収や会社のブランドではなく「職種」を軸に選ぶべき理由

中途採用で求められる「即戦力」とは、実務経験のことを指しているため

14 なぜ、35歳以上で「転職が難しくなる」と言われるのか？

転職では「市場価値」という言葉がよく使われます。この市場価値とは具体的に何なのでしょうか？

実は、**市場価値とは突き詰めると「年齢」と「実務経験（実績）」のことを指します。**

転職で注意が必要なのは、転職市場にはシステムがあり、市場価値は機械的に決まっているということです。

つまり、「この年齢の人であればこれくらいの実績がほしい」という条件は最初から決まっていて、企業はその条件に当てはまる人を求めているのだということを知っておく必要があります。

特に大手の求人サイトなどを使って転職するという場合や、応募が多く集まる人気企業などの場合には機械的にふるいをかけられてしまうことが多くなるでしょう。

具体的には次の通りです。

23歳・・・入社1年目でドロップアウトしたという印象で見られる
24～27歳・・・未経験でも「第２新卒」として採用の可能性がある
28～29歳・・・職種経験、業界経験も求められるようになる
30～33歳・・・職種と業界経験は必須で、マネジメント経験が求められる場合もある
34～36歳・・・職種、業界・マネジメント経験が必須となる
37歳以上・・・高い専門能力・マネジメント実績がなければ転職は困難

基本的にはこのように考えられており、20代半ば～後半までは、人柄などのポテンシャル採用もありえますが、30代になれば年齢相応の経験値が必須になります。「転職は35歳までが限界」と言われることもありますが、それは年齢が高まるほど実務経験・専門性がより強く求められるからなのです。

たとえば40代で大手企業に勤めていた人が未経験の職種を選んだ場合、転職先は中小企業に限定され、給与などの条件は半分程度になると考えたほうがいいでしょう。

年収の高い人が転職活動をすると給与の上がる案件が1つもない、ということはよくあり、現在の年収と市場価値は比例しないので注意が必要です。

では、反対にどのような人であれば条件のいい転職ができるかというと、「マネージャーとして100人を統括する部署で3年連続黒字を達成」などの豊富なマネジメント経験、あるいは「経営企画室にて多数のM&Aを手掛けて新たな分野の開拓に貢献」などの専門性が高く、かつ需要のある分野での経験などがある場合です。

しかし、当然ながらこのようなケースは稀《まれ》です。そもそも、その会社・業界で活躍するような人は他社から引き抜かれたり、将来性のあるベンチャーを人づてに紹介してもらったりなど、「一般ルート以外」での転職をするケースも増えます。

その意味では、**転職活動では過剰に夢を見ることなく、現実的な視点で考えるほうがうまくいきやすい**のです。

たとえば、未経験だけれど人事の仕事をしたいという場合、「未経験者はNG」の会社では応募すらできません。しかし、「人材会社の法人営業」などワンクッション入れることで「人事や採用に関連した実務経験」を積むことができます。

いきなり目標を達成しようとするのではなく、間に1つキャリアを挟んで数年働くとい

■未経験でも、１つキャリアを挟むと転職できることがある

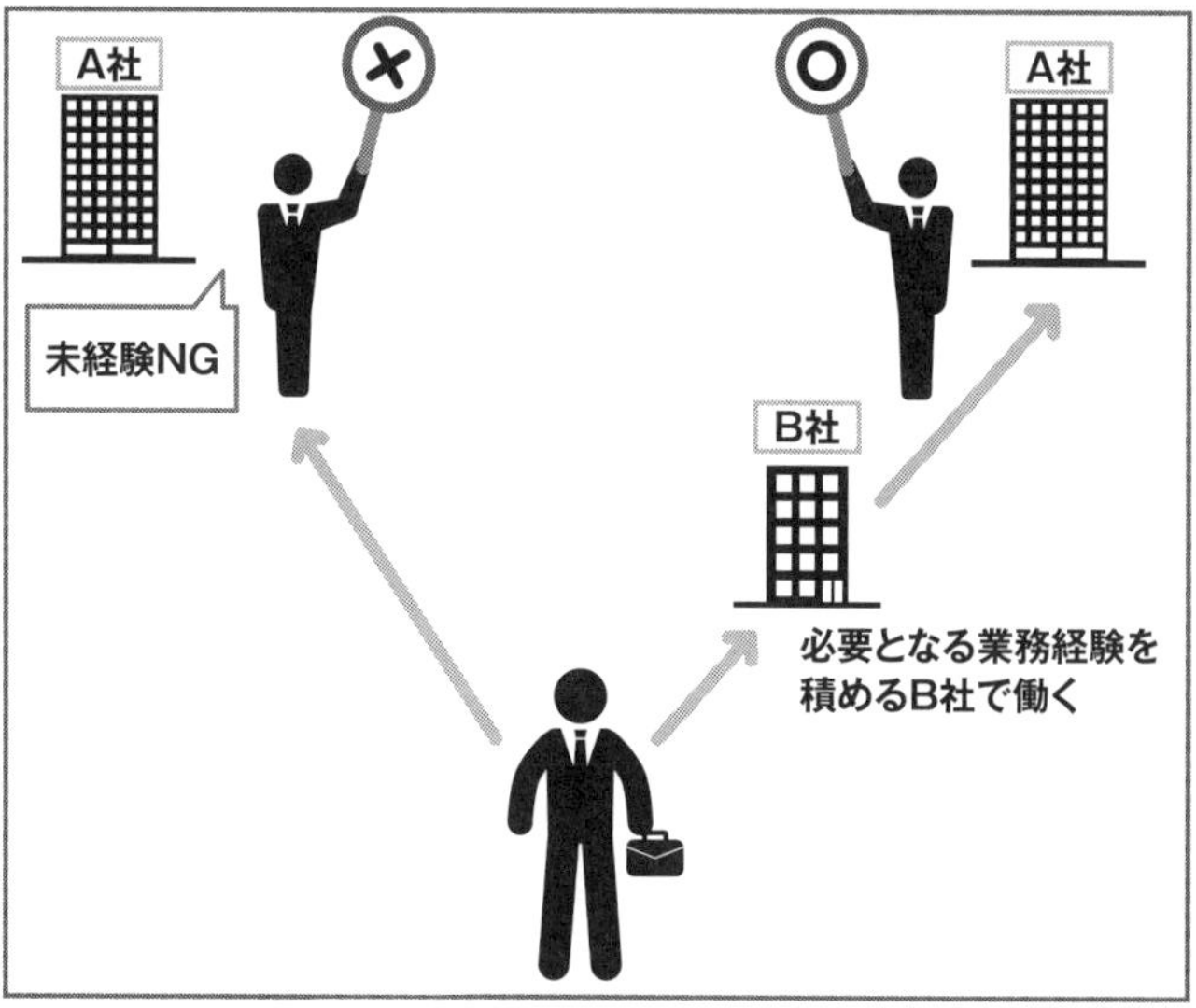

う選択肢を加えるだけで望むキャリアに近づくことができるのです。

今の職場がいわゆるブラック企業であったとしても、そこで身につく経験・実績・能力があるならば「数年だけ」とがんばるのも１つの考え方でしょう。

逆に、まったく実務経験・スキルが身につかない仕事内容（機械で代用できる単純作業など）でストレスばかり多い、というのであれば早々に転職を検討してもいいでしょう。

重要なのは、転職活動では漠然としたイメージではなく、今の会社に対して何が不満で、それはどうすれば解決

するのかをハッキリさせておくことです。年収ならば、あといくら必要なのか、人間関係ならばどうなると理想的なのかです。

中には転職活動をすることで「自分は今の会社で恵まれていたんだな」と気づき、踏みとどまる人もいます。

これは、新卒入社した会社が生産性の高い業界だったり、大手であるために、自分の市場価値以上に給与水準が高い場合も多々あるためです。

市場価値に対して、「会社内価値」と呼んだりしますが、市場価値は低くとも、その会社に在籍している限りは高い給与水準を維持できるというケースもあります（ただし、将来その会社を辞めざるを得ない場合、年齢は高くなっているにもかかわらず、大幅に給与を下げてしか転職できないリスクもあります）。

このように自分のこと、自分の専門性というのは分析が難しいものです。特に転職する予定がない場合でも、一度転職活動をしてみることで自分は市場価値が高いのか、あるいは会社内価値が高いのかがわかります。その結果をふまえて将来のキャリアを考えるのもおすすめです。

まとめ

35歳以上の転職が難しくなる理由

転職市場では、年齢が高まるほど（需要が大きい分野での）専門性、管理職の経験や実績が求められるため

15 ほとんどの資格は転職に効果がないので要注意

市場価値は「年齢と実務経験で決まる」とは、言い換えると「それ以外の要素はほぼ関係ない」ということになります。

たとえば学歴は新卒のときには重視される要素の1つですが、中途採用では書類審査で若干考慮されるくらいまでに優先順位は低くなります。そのかわり、地頭などの思考力がより重視されるようになります。

また、資格に関してもほとんどの資格は持っているから有利になることはありません。有利になる資格は何かといえば、経理職であれば簿記2級以上、また宅建や施工管理技士は営業所ごとに資格者を置く決まりがあるので、内定率は高くなります。

他に、そもそも資格者でなければ業務ができない弁護士・公認会計士・税理士・医師などがありますが、その道を目指さない限りは必要のないものです。

TOEICのスコアは、外資系企業などが参考にすることもありますが、実務スキルや経験がない場合では、「TOEICがハイスコアだから内定」ということはありません。転職においてとにかく重要なのは実務経験・実績なのです。

同じように、その他の資格も「持っているから内定できる」というものではないと考えてみてください。

たとえば、人気の高い資格の1つに中小企業診断士があります。この資格に意味がないわけではないのですが、今の業務内容が経営企画や中小企業支援などとはまったく関係ない場合、この資格を持っていても市場価値には影響しない可能性が高いことには注意してください。

「独立したときに箔《はく》をつけたいから」という理由や、趣味、知識の体系化とわりきって勉強するのであればよいのですが、純粋にキャリアアップを目的にするのであれば、別の方法をおすすめします。

自分の分野についてのレベルの高い知識がほしいなら、本当に実力のある人のもとで勉強をさせてもらうなど、「お金にはならないけれど経験になる」ことを優先しましょう。いわゆる鞄持ちのようなことや、他にも「ロジカルシンキング」などのベーシックで応用のきくスキルを勉強するなどです。

また副業をする場合にも、時給のよさなどで選ぶのではなく、本業につながること、将来目標としていることにつながることを選んでいくほうがおすすめです。

資格勉強や副業などには、「時間」という一番のコストがかかります。「イメージがいいから」「人気だから」「ちょっとお小遣いがほしいから」といった目線で選んでいくと、一過性のもので終わってしまいます。

せっかく労力を割くのであれば、今までやってきたこととつながりを持たせて、本業につながりがあるのか、次にやろうとしていることに本当に役立つのか、関連性を考えていってみてください。

まとめ

ほとんどの資格が転職の成否に関係しない理由

何においても優先されるのは実務経験だから。
勉強も実務とのつながりを考えて行う

転職のリテラシー

16 転職の面接で見られるのは、「定着するか」と「活躍するか」の2つだけ

転職活動では面接がつきものですが、なぜ企業は面接をするのでしょうか？　その理由は2つだけ。その人が「会社に定着するか」「活躍できるか」に集約されます。

会社としては、すぐやめる人・活躍が見込めない人は採用したくありません。ですから、面接でいくつか質問をすることでその人の考え方・人間性、スキルや能力を探るわけです。

基本となるのが「転職理由」と「志望動機」で、この2つは必ず聞かれると考えてください。この転職理由と志望動機はストーリーとしてつなげることが重要です。

たとえば、転職理由が人間関係だという場合、事実をストレートに伝えても実は問題ありません。ただし、伝え方にはコツがあります。

ポイントは、**「前の会社では解決できなかった問題が、この会社でなら解決できると考えたから志望している」**という表現にすることです。

・「前職では人間関係がよくなかったため、尊敬できる上司のもとでより一層の成長をして貢献したいと思い、御社を志望しました」
・「前職では給与が少なかったため、自分の成果に対して正当な報酬が得られる企業でより一層貢献したい」
といった具合です。

ただしこのとき、「問題を改善するために何かアクションを起こしたか」は聞かれます。何もアクションを起こしていない場合、同じ理由でやめる可能性があると判断されるのです。この質問には必ず答えられるようにしておきましょう（逆に言えば、前職・現職で不満が発生した際に、「すぐに転職」ではなく、自ら不満や課題を改善するようなアクションは必ずした上で、それでもどうしても難しい場合に転職を考える必要があります）。

さらに、会社のことをどれくらい調べているかも見られるポイントで、その会社の表面的ないい面だけでなく、悪い面も見ており、その上で選んだと伝えてください。

またもう1つ、「入社後のキャリアパス」も定番の質問です。キャリアパスとは「転職したあと、社内でどんなキャリアを描きたいか」ということです。

この質問には、ポジションや業務内容を具体的に、かつその理由を含めて論理的に筋道を立てて伝えられるようにしておくと採用率は高まってきます。

たとえば営業職で入社する場合には、

「営業統括になりたいと考えています。なぜなら、前職ではお客様の課題を解決するのに1人では限界を感じたからです。そこで御社では、チーム全体で指揮をとれるように、まずはエリアマネージャーとして成果を挙げたいと考えています。そのためのスキル、業務を覚えるための努力をしていきたいです」

と、このような具合です。

1つ注意が必要なのは、面接はコミュニケーションスキルを見られる場でもあるということです。「用意したことをすべて話さなければ」と焦るあまり、質問以外のことを話してしまうケースもありますが、マイナス評価につながります。**質問に対しては、結論から論理的に簡潔に。**余計なことを伝えすぎないことが大切です。

まとめ

面接でのポイントは

人間性だけでなく論理性、計画性などが見られるので、準備は念入りに。受け答えも簡潔に

17 「アットホームな会社」「年俸制」、求人票での要注意ポイント

「転職業界ではあたりまえ」でも、意外と一般に知られていないことはよくあります。その代表的なものが「求人票」や「面接」で、入社前の段階で「この会社はまずい」「人を大切にしない会社だ」とわかるポイントがあるのです。

まずは求人票から紹介しましょう。

〈求人票の要注意ポイント〉

1 企業アピール欄に「アットホームな会社」とある場合
2 休日欄が、「週休完全2日制」ではなく「週休2日制」の場合
3 残業欄に「みなし○時間」とある場合
4 賃金が「年俸制」の場合

まず、企業アピール欄の内容に「アットホームな会社」とある場合。よく見られる表現ですが、社員同士の距離が「近すぎる」場合があるので注意が必要です。

たとえば飲み会の頻度が多く、しかも半強制的。休日も社内の交流があり、社員同士を異様なまでに称賛し合う風土があり、参加しないと疎外感があるといったケースがあるので注意が必要です。

２つ目は休日が「完全週休2日制」ではなく、単に「週休2日制」とある場合で、週休2日制とは「月に1回以上週に2日の休みがある」という意味になります。最悪、休日が月5日しかないという可能性もあるのです。

３つ目が残業についてで、「みなし残業」とは基本給に一定時間分の残業代が含まれているというものです。たとえば「みなし残業40時間含む」という表現であれば、40時間分の残業代がすでに基本給に含まれています。

このとき注意が必要なのは、基本給の設定が非常に低い場合です。ボーナスや超過分の残業代は基本給で決められるので、支給額が少なくなるといったことが起きます。必ず内訳を確認しましょう。

そして４つ目が、賃金欄の「年俸制」という表記です。年俸制は決まった年収を月割りで支給する給与形態ですが、「年俸制なら残業代は発生しない」と考えている経営者もいます。年俸制であっても当然残業代は発生するのですが、このことを知らず、あるいは意図的に人件費を削減するために年俸制を導入している場合もあるので要注意です。

誤解しないでいただきたい点として、いずれも該当するからといって必ず「ブラック」というわけではないのですが、入社したあとでギャップが起こらないように、最初に確認するようにしてください。

まとめ

求人票を見るときには

会社や経営者に都合よく書かれていないか注意。
気になったところは応募や面接時に必ず確認を

転職のリテラシー

18 雑談ベースの面接で「即内定」をもらっても素直に喜んではいけない

前項では求人票での注意点について説明しましたが、もう1つ、その会社の考え方がわかりやすいのが面接の場面です。

ここではその代表的なポイントとして、４つ紹介します。

〈面接の要注意ポイント〉

1 面接官の態度が横柄、圧迫的
2 経歴について質問をしない
3 会社説明や業務説明がないまま面接が終わる
4 面接場所が他の社員から丸見え

1つ目は「面接時の態度」で、かなりわかりやすい部分です。たとえば、面接時間に平気で遅れてくる、タメ口で接してくる、圧迫面接をするなどの場合、中の社員に対してはさらに強い態度をとっている可能性がある、と考えられます。

2つ目は、履歴書に書いてあるのに名前を聞いたり（あるいは読み方を間違えたり）、経歴についての質問がまったくないとき、その会社は「人に興味がない」可能性があります。

経歴はその人の業務経験を知る上で最重要の項目です。にもかかわらず、雑談だけに終止し、「で、いつから来れます？」と即内定を出す会社は、「出入りが激しく、とにかく人手不足で困っている」だけの場合があります。

3つ目は、会社説明・業務説明がない場合です。面接官からの質問が一方的にあるだけで、いったいどんな業務をするのか説明が最後までない場合、社員を「労働力の1つ」としか見ていない、また「あえて説明したくない理由がある」という可能性もあります。

4つ目のポイントは、面接場所です。個室ではなく、他の従業員から丸見えの場所で面接するという場合、個人情報への配慮やモラルが欠けた会社だと考えられます。

もちろん、物理的に会議室がないなどスタートアップのベンチャーなど例外はありますし、あくまでも指標の1つとして考えてほしいのですが、このような視点から見てみると「おやっ」と思うことが出てくるかもしれません。いずれにせよわからないことは確認し、自分に都合のいいように受け取らないことが肝要です。

まとめ

面接での「即内定」を素直に喜んではいけない理由

出入りが激しく人手不足である可能性もあるため。都合よく受け取らず、慎重に考える

19 年収1000万円を良い・悪いの基準にしない

仕事とお金の関係は切っても切り離せないもので、一般的に「年収1000万円」が高年収の1つの目安として捉えられています。

たしかに数字のキリもよく「わかりやすい指標」ではありますが、1000万円以上ならエリート、これ以下なら非エリート、という線引きや、安心・不安の目安にするのはおすすめできません。

そもそも、会社組織の中で年収1000万円を目指すというのは狭き門です。高年収の会社・業界・ビジネスモデルは限られており、その中で1000万円以上を達成していくには、20代前半からどんな会社を選び、どんな能力を身につけていくかという視点が重要になってきます。

最初から設計して相応の努力をしていけば年収1000万~1200万円を達成するの

は意外と難しくないのですが、逆のことを言うと、「あとからではどうにもならない」場合も多いのです。

ただしこれは、**転職というシステムの中で会社員として働き続けることを前提とした場合の話です。**シンプルに収入を求めるなら、そもそも独立を見据えてキャリアを考えるほうが現実的、かつ難易度が低い場合もあります（独立に関しては次項から解説します）。

ウェブなどの記事にも出てくるように、年収１０００万円だから劇的に何かが変わるということはありません。贅沢や貯蓄などの選択肢は多少増えますが、人生のステージが変わったと勘違いして家賃を上げたり、旅行や外食をすれば家計はすぐに回らなくなります。

しかしながら、一度年収１０００万円を達成してしまうと、それ以下には下げられないというプライドから仕事選びで苦労する人がいます。

一時期は「勝ち組」「成功者」など、社会的なステータスを高めることが人生の目標のように考えられる風潮もありましたが、ステータスの高さと幸福は比例関係にあるわけではありません。年収と幸福の関係は世界中で研究されており、「７００万～９００万円」程度が幸福のピークだという結果になっています。

もちろん、年収２０００万円、３０００万円と額が大きくなれば日常生活で困ることはなくなりますが、今度は「失う不安」や「結果を出し続けなければいけないプレッシャー」「組織や社会での責任」「自由な時間がない」など別の問題もついてきます。

そのような生活に生きがいを感じる人もいれば、しんどさを感じながら働く人、割り切って働ける人、お金は関係なく自分の目標のために仕事をしている人もいます。

このように、どこまでいっても働き方に正解はありません。特に安くて質の高い商品やサービスが充実した日本では、年収の額は一定水準を超えたあとは、自己満足の世界、個人の趣味の世界と言ってもいいかもしれません。

ところが、世間の指標にふりまわされてしまうと、キャリアを考える目も曇ってしまい、いつまでも悩んでしまう可能性があります。

市場価値を高めていけばキャリアにおける選択権や柔軟性は高まっていきます。

しかし、市場価値もあくまで自分の幸福を追求する上での手段だということを忘れてはいけません。人生や仕事に求めるものの優先順位は、人それぞれ違っていてよいものですし、自分自身で見極めていくものです。

年収を仕事選びの軸にする場合には、「そもそもいくらあれば十分なのか」を明確にしていくと、無理のない現実的な選択ができるようになります。それを担保した上で、他人の基準は関係なく、自分にとっての「幸福の要素」を選びとっていくことが、これからのキャリアを考えていく上でも非常に重要になってきます。

まとめ

年収1000万円を目安にしないほうがいい理由

会社員にとっては難易度が高く、達成しても大きく人生が変わるわけではないため。基準は自分の中にあることが重要

第2章
仕事

PROFILE
「独立」監修

河合克仁
（かわい・かつひと）

愛知県豊橋市生まれ。2006年に筑波大学体育専門学群卒業後、人材教育コンサルティング企業に入社。営業・コンサルタントとして、歴代最高の営業記録樹立をはじめ、社長賞、MVPなどの社内表彰も多数。2014年に独立。価値観が多様化する現代で活躍する真のリーダー育成を目指す、株式会社アクティビスタを設立し、代表取締役に就任。世界最先端の教育を日本のリーダーに届けることをミッションとし、グローバル企業から100年企業向けの組織開発支援や、中高校生向けのキャリアキャンプといった人財開発支援に情熱を注ぐ。2015年より筑波大学で非常勤講師としてキャリア教育や起業家教育の授業を担当。また、2016年からは内閣府地域活性化伝道師に就任し、企業と連携して人材採用や育成を通した地方創生の活動も推進。著書に『世界中の億万長者がたどりつく「心」の授業』（共著・すばる舎）、『世界のエリートが実践する 心を磨く11のレッスン』（共著・サンガ）などがある。

独立のリテラシー

20 フリーになってもしがらみはなくならない

職業選択も自由になり、「フリーランス」という生き方も珍しくなくなりました。

フリーランスは「自由の槍／freelance」という意味で、中世に存在したフリーの傭兵団に由来していると言われています。

その言葉の響きから「組織に縛られない、自由で個性のある働き方」というイメージがあるかもしれませんが、実際のところはどうなのでしょうか？

もしもフリーランスが「会社員とはまったく違う自由な世界」だと考えている場合、いざ独立するとギャップを感じる可能性があります。

フリーランスは自営業・個人事業主とも言いますが、会社と雇用契約せずに仕事を請け負ったり、お店を開いたりといった働き方です。特に特別な手続きは必要なく、税務署に「開業届」の紙を1枚提出するだけです。ラーメン屋さんを開くのでも、イラストレーターになるのでも、税理士として独立するのでも、どんな業態でも同様です。

ビジネスモデルは様々ですが、一般的な会社員から独立する人はどんなパターンが多いかと言うと、「企業から仕事を分けてもらうこと」です。

たとえばエンジニア、営業代行、ウェブデザインなど、企業の仕事の一部分を請け負うという形になります。これは表現を変えれば、クライアントの「下請け」の仕事を任されるポジションになるということです。

SNSや広告の世界では、フリーになると「キラキラした世界」が広がっているように見えることも多いのですが、その裏では来月・再来月の生活費の確保に追われていることは少なくありません。

また、「フリーになったから煩《わずら》わしい人間関係から解放される！」ということはなく、むしろフリーはいつでも仕事を切られる可能性があるので、クライアントとの付き合い、接し方は会社員のときよりも重要になります。

フリーランスは「企業との雇用契約からは自由」であるけれど、だからといって**不自由な人間関係やトラブル、面倒ごとが一切なくなるかといえば、そんなことはありません。**

今現在できていないことが、フリーになれば急にできるようになるかといえば、そんなことはないのです。現在起きている同じような問題は、独立しても起きるものだと考えたほうがいいでしょう。

個人投資家や、ウェブの運営による広告収入、自分の作品を生み出すアーティストなど、一見1人で完結しそうな仕事であっても、最前線に立つには情報収集や勉強を続けないとなりませんし、固定ファンとの交流など、人とのつながりも必要になってきます。自身の専門分野で突出する一握りの存在にならない限り、一定のしがらみはついて回るものなのです。

それでも「フリーは気楽だ」と言う人もいますし、「会社員のほうがよかった」と言う人もいます。自分はどちらが向いているのか、どちらの意見もよく聞くことが重要です。

まとめ

フリーになってもしがらみがなくならない理由

契約が切られやすい分、フリーのほうが人間関係は重要になるため

21 会社員のときと同じ稼ぎでは手取りは目減りする

続いて、気になるフリーランスのお金事情について紹介しましょう。会社員とフリーとの最大の違いとしては、フリーには毎年確定申告が義務づけられていることです。

確定申告は例年2～3月の間にする必要があり、前年の売上から必要経費を抜き、支払い済みの保険料や社会保険料などを控除し、最終的な所得が決まります。この所得が、会社員で言う「年収」にあたります。この確定申告を行うことで所得税、住民税、国民健康保険料などの金額が決まるというのが会社員とのシステムの違いです。

注意点として、一般的に「フリーになると会社員よりも税金がかかる」と言われます。業種や売上にもよりますが、「個人事業主税」「消費税」が発生し、さらには国民健康保険料も割高で知られています。

たとえば年収500万円の30代の会社員であれば、月の健康保険は3万円程度ですが、その半分は会社が負担してくれているので、給与から天引きされるのは1・5万円です。

ところが、国民健康保険の場合では3万円程度を全負担となります。

2倍近くの健康保険料を支払った上で、個人事業主税（所得の額－290万円×税率3～5％）が発生し、売上1000万円以上の場合には消費税の納税も必須となるなど、何かと納めないといけないお金も増えます。**「フリーになったら目減り感がする」**というのは経験者からよく聞く話です。

またランサーズの調査（2018年）では、フリーの平均年収は356万円で、年収500万円を超えるフリーランスは15％程度だという結果が出ています。稼げる人は一握りで、「あまり稼げていない」人のほうが多いのも実情です。

何より、年間契約などをしない限り固定収入もなくなるので、プレッシャーや不安を感じやすくなる可能性もあります。

ただし、フリーは「経費を自由にできる」のが利点の1つです。経費は「事業に必要なもの」に限られますが、自宅を事務所にするなら家賃の一部、打ち合わせに使ったお茶代、交通費、仕事で使う携帯料金などは経費にでき、その分売上から引き、納める税金をおさえることができます。

■フリーランスのお金事情

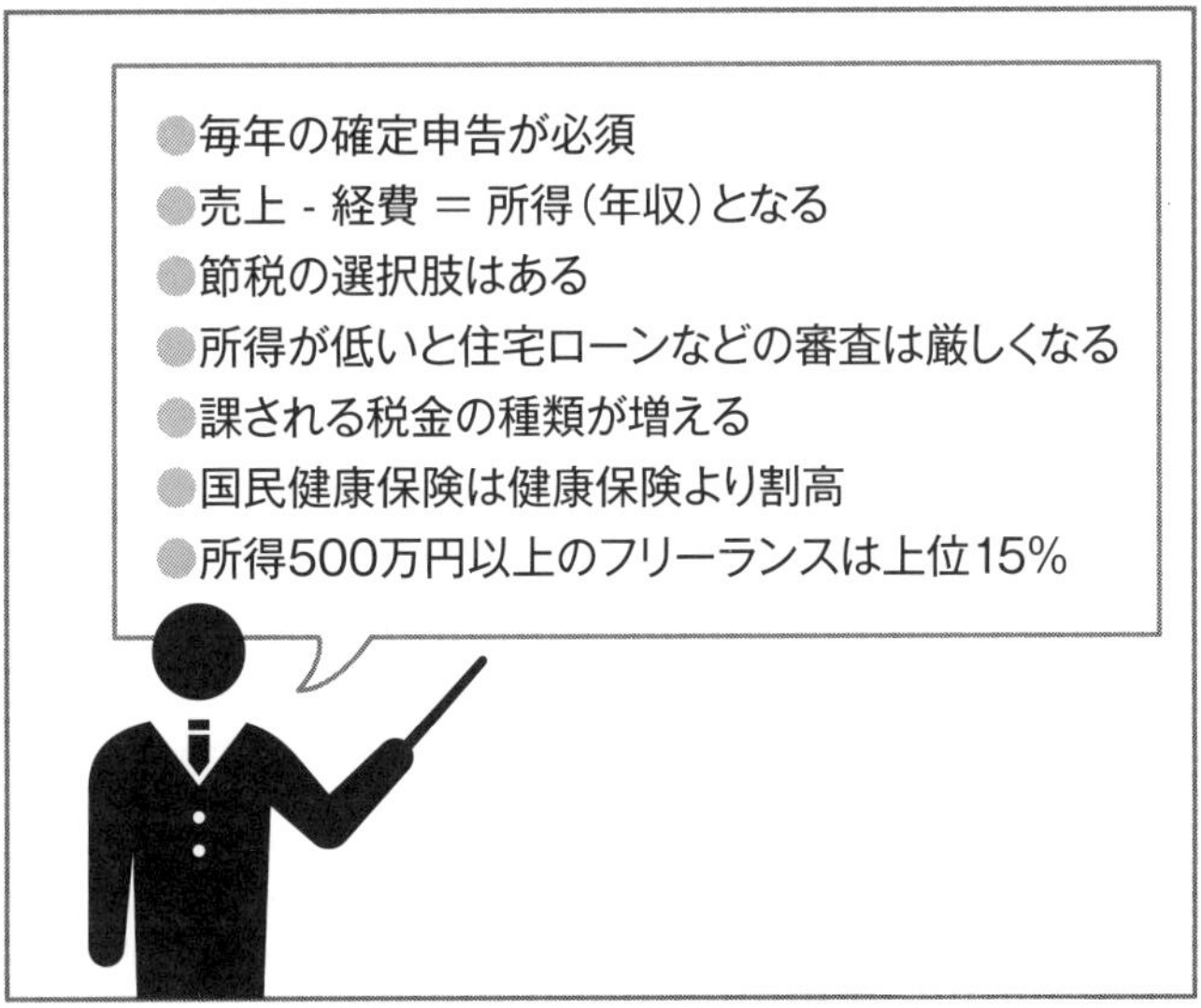
●毎年の確定申告が必須
●売上 - 経費 ＝ 所得（年収）となる
●節税の選択肢はある
●所得が低いと住宅ローンなどの審査は厳しくなる
●課される税金の種類が増える
●国民健康保険は健康保険より割高
●所得500万円以上のフリーランスは上位15%

節税の選択肢が会社員より広がるので、会社員時代と同じくらいの稼ぎでも、支払う税金はグッと下がっているというケースもあるのです。

ただし、明らかに業務と関係ない経費を上げていた場合、税務調査が入れば3〜7年遡って税金と追加のペナルティを納めないとなりません。

また注意点として、住宅ローンなどの審査では直近3年分の確定申告書を参考にされることが多く、売上ではなく所得で判断されます。

あまりに所得を低くしすぎると住宅購入のときに審査が難しくなるでしょう。

近年は政府の方針として、働き方の多様化への取り組みも進められています。独立に向けた補助金や助成金、金利を優遇される融資など、国や地域での支援策も増えています。各省庁や市区町村の情報をチェックすることはもちろんですが、少し先に独立している友人や先輩からの情報収集も参考にしながら、「やりがいとお金」にも向き合うことが大切です。

まとめ

フリーになると収入が目減りして見える理由

税の種類が増え、健康保険も割高に。ただし、節税の自由度は増える

22 「独立しても応援するよ」を信じてはいけない。会社員のうちにできること

「実は会社をやめて独立を考えてるんですよ」

取引先や親しい人にこのように相談すると「独立しても応援するよ！」と、やさしい言葉をかけてくれる人が多いものです。ですが、この言葉をそのまま信じて独立するとあとで痛い目を見ることがあります。

「会社の看板」は想像以上に強いものです。世間に名前が知られていて、ブランド力のある会社だから仕事を任せている人・会社は多いのです。「応援するよ」の言葉に期待してフリーになって、あとでガックリしてしまう例は珍しくありません。

反対の立場になればわかりますが、会社が新しい取引先を変えるには相応の理由が必要になります。他社と比べて条件面が優れている、信頼関係があるなど、特別な要因が必要です。「知り合い」程度の関係ではまず応援してもらえません。大前提として、「ゼロから

のスタート」になるということを胸に独立のスタートラインに立つ必要があります。

もちろん、独立する前に会社組織内でできることもたくさんあります。

最終出社日までその会社の一員として最善を尽くすことや、独立しても付き合っていきたい人といい関係を築くのはもちろん、たとえば、収入を得なくても（運がよければお金をもらえるくらいの心持ちで）自分のスキルを社外の誰かのために活かす活動をしてみるのもいいでしょう。独立のための訓練になります。

ポイントは、金額ではなくて、「本当に喜んでもらえたか？」「仮にお金を払ってでも受けたいサービス（買いたい商品）だと思ってもらえたか？」です。

また何より、会社員のうちに独立の準備をしていく一番のメリットは、「失敗できる」ことです。

独立を見据えた活動をする中では、もしかしたら思いもよらなかった失敗があるかもしれません。しかし、この失敗こそがのちのち重要な学びとなります。

独立してから大失敗をすると、事業の存続を左右するような危機にもつながりやすかったり、プレッシャーで追い込まれたりなど、金銭的にも精神的にも大変な状況になりやすいですが、勤め人のときであればそこまでのダメージにはなりづらいはずです。

失敗のない挑戦はありません。そして失敗は、早ければ早いほど小さい被害で済みます。ですから、会社員という時間を有効利用しながら計画的に独立を進めていくのは理想的だと言えるでしょう。

挑戦した上での失敗は、（改善策までセットで考えれば）勤めている会社にとっても財産になります。そのように働くことができる環境に対して感謝できると、独立後に雇用主の立場になったとき、様々な気づきがあるはずです。

上手に独立している人は、このように下準備をきちんとしています。だから、独立してすぐに応援してもらえるのです。

まとめ

「独立しても応援するよ」を信じてはいけない理由

だいたいが社交辞令のため。本当に応援してもらうには信頼関係が必要。そのための準備をしておく

独立のリテラシー

23 どれだけ優秀な人でも営業でつまずくことが多い理由

勤め人の時代にどれだけ優秀な人でも、独立すると必ずぶつかる壁があります。それが、「営業」です。

優秀なエンジニアなのにまったく仕事がこない、営業がヘタで高単価の案件が取れないデザイナーやコンサルタントなど、業種も様々です。弁護士、会計士、税理士、社労士などの士業の人たちでも、営業がうまくいかずに苦労していることはよくあります。

むしろ、何かの専門に特化している人ほど人間関係のしがらみに苦手意識や抵抗感があり、だからこそ「独立して自由になりたかった」という側面もあるでしょう。

営業が苦手と考える人に共通しているのは、「自分の仕事や実績を示して、強くアピールをする必要がある」「下手《したて》に出なければいけない」といったことへの抵抗感です。

実際、「実力は大したことないのに、人付き合いだけで仕事をとっている人がいる！」

といった不満の声もよく聞かれます。

しかし、そのようなスタイルでなければ営業できないかといえば、そんなことはありません。営業の本質はシンプルなのです。

・お客さんが求める仕事をしているか？

・そのためのコミュニケーションをとっているか？

このような、テクニック以前の要素がしっかりできていれば、「ゴリ押しの営業」をする必要はありません。

そもそもフリーのよくある失敗としては、自分の独自色を出そうとしすぎて、クライアントの要望を無視した仕事をしてしまうことです。そうすれば、当然クライアントは次に仕事を頼まなくなりますし、他に誰かを紹介しようという気にはなりません。

その意味では、**次も頼みたくなる仕事をきちんと行うことが一番の営業手段にもなるのです。**無理にセルフプロデュースせずとも、独自色というのは日々の仕事の中で自然と作られていきます。

独立した人がぶつかる壁の例
1 「独自色」を出そうとしすぎて失敗!
2 営業が苦手で新規のお客さんを取れない!
3 仕事の単価が低くてしんどい!

ただし、クライアントの言うことをただ聞き続けていればいいわけではありません。起きやすいのは、「仕事の単価が低すぎていつまで経っても自由になれない」という問題です。

このようなときには、交渉をしていく必要もあります。

交渉がうまくない人は、自分の要求だけを伝えて、相手にメリットのまったくない話をしていることが多いです。

一方で交渉がうまい人は、相手にとっていい条件・相手が喜ぶ提案をしながら、自分の要求を伝えています。

どうしても苦手な場合には、営業やPRが得意な人と組む選択肢もあります。

ただし、法人化して会社を大きくしていこうという場合でも、組織の顔である代表に営業力やコミュニケーション力は最低限必要です。その意味では、人に任せるということも考えつつ、まずは自身でできることをやってみることをおすすめします。

まとめ

独立して困るのが営業である理由

もともと営業が苦手、という人が独立する場合も多いため。まずはクライアントの要望を第一に

独立のリテラシー

24 「土日はしっかり休みたい人」はフリーに向いていない可能性がある

華やかな世界に憧れたり、社会起業家のように世の中のためになることをしたい、と独立を考える人も多くいます。

もちろん、そのことはまったく問題ないのですが、１つ考慮が必要なのは、「そのために必要になる様々な面倒なこと」ができるかという視点です。独立をすると、会社員のときには知りもしなかったような仕事や手続きが出てきます。

営業や広報活動もあれば、経理や会計、事務作業、役所への手続きなどバックオフィスの仕事もあります。そのための人を雇ったとしても、ラクになる部分もあれば、一方でさらに事務作業が増えたり、マネジメント面での配慮、資金繰りも必要になってきます。

どんな仕事もそうですが、「カッコいいコンセプト」だけでは成り立ちません。

銀行などの金融機関に対しては理念の素晴らしさよりも結果が重視されますし、スタートアップの時期や繁忙期には休日も平日も関係なくなることもあるでしょう。仕事がないならないで、お金を回す方法を考えないとなりません。そのため、「仕事とプライベートは分けたい」「土日はゆっくり休みたい」人には向いていない可能性もあります。

「好きを仕事にしよう」というメッセージもありますが、本当に自分の好きなことだけやっていられるわけではない、ということには注意が必要です。趣味が仕事になった途端、それまでのように楽しめなくなってしまったという話もよく聞かれます。

うまくいっているように見える人ほど、その裏では「面倒なこと」を誰よりもきちんと行っているものです。

もちろん、雑務をまったく面倒に感じないという人もいますし、仕事が軌道に乗れば各専門家に任せることもできます。ただ、任せるにしてもある程度把握していないと丸投げになってしまい、自分自身で管理できません。

コストカットを含め、まずは自分でやる。そして徐々に専門家に任せる。そうした表には出てこない部分もきちんと見た上で、独立を検討してみてください。

まとめ

土日は休みたい人がフリーに向いてない理由

表には出てこない地味な仕事が多く、土日祝日関係なくやる必要があるため

25 交流会や勉強会で知識・仲間を得た気になってはいけない

フリーの悩みの1つが、情報をどこから仕入れるかという問題です。専門家と名乗る以上は知識をアップデートし続ける必要があります。仲間と勉強会を開いたり、交流会に参加したりするのが定番の方法です。

しかし、これらの方法はあまりおすすめできません。**一般的な交流会や勉強会には、フラットな情報、つまり「自分と同じ目線の情報」しか集まらないからです。**

たとえば、同僚や友人に悩みを相談しても、グチ大会で終わってしまいます。その関係性自体はいいものなのですが、根本的な問題解決にはなりません。

同じように、自分と同じ目線・階層の人が集まる場所だけでは、本質的に有意義な情報は得られないのです。

仕事や知識のレベルを高めようとしたときには、聞きやすい人、付き合いやすい人とだけと接するのではなく、自分よりもさらに専門性の高い人、自分とは異なる分野で活躍をしている人と付き合っていくことをおすすめします。

もし、第一線で活躍している人がアシスタントや勉強会の運営サポートメンバーを募集していたら、積極的にお手伝いすることでその企画の裏側を知れますし、関係を深めることになります。

身近にいないという場合でも、ネットで調べることもできますし、SNSなどを使って直接連絡を入れることもできます。

もちろん、いきなりSNSで「仲良くしてほしい」と言っても相手にはしてもらえないことのほうが多いでしょうが、以前に比べればどうとでもつながりは持てるようになっています。敬意が伝われば、何かのきっかけで直接話ができた際に、「あのときの！」と思い出してもらいやすいかもしれません。

また、お金を支払って指導を受けるというのも選択肢の1つでしょう。

ただし一方で、視野が狭くならないように注意してください。ネット上には事業詐欺・投資詐欺も非常に多いですし、そもそも本業を必死にやっているプロは、外に対してのアピールをしていない、ということも多々あります。

「有名人だからいい」というわけでもないので、1人だけではなく、いくつかの分野で師匠や先輩となるような人を持てると盲目的にならずに済むでしょう。

また、耳あたりのいいことを言ってくれる仲間のみならず、厳しいことも指摘してくれる師を持つことは、自分で事業を行う上で特に欠かせない存在となるので、ぜひ意識して見つけてください。

調子に乗っていれば「グサッ」とくる一言を言われて我に返ることもあるでしょう。そうして経験から本質的なことを指摘してくれる人の存在こそが、独立した人にとって貴重なのです。

まとめ

交流会や勉強会がおすすめできない理由

同じ目線の情報が集まりやすいため。本当に勉強したいなら、たとえお手伝いからでも第一線の人と付き合うのが一番

第３章

IT

情報収集とデバイスのリテラシー

監修 伊本貴士
（メディアスケッチ代表／サイバー大学専任講師）

LITERACY
ENCYCLOPEDIA

第3章
IT

PROFILE
「IT」監修

伊本貴士
（いもと・たかし）

メディアスケッチ代表取締役、サイバー大学専任講師。奈良県橿原市出身。大学卒業後にNECソフト、フューチャーアーキテクトを経て、メディアスケッチ設立。IoT・人工知能・ブロックチェーンなど最新技術のコンサルタントとして、さまざまな企業との研究開発に携わる。自社の研究開発プロジェクトとして、スマートホーム向け通信モジュール基板や犯罪予測を行う人工知能などの研究開発を行う。また、日経BP「日経xTECHラーニング」、日本経済新聞社「日経ビジネススクール」におけるIoT・人工知能講座の講師も担当。これまでに200以上にのぼる最新技術に関する講演や講座を日本全国で行うIoT・人工知能講座の大人気講師でもある。フジテレビ『ホンマでっか!?TV』、テレビ朝日『サンデーLive!!』など、テレビやラジオなどさまざまなメディアで活躍中。共著に『IoTの全てを網羅した決定版 IoTの教科書』と『ビジネスの構築から最新技術までを網羅　AIの教科書』（共に日経BP）がある。

情報収集とデバイスのリテラシー

26 日本のＩＴリテラシーが低いままの理由

この第3章では、ＩＴリテラシーについて紹介していきます。

ＩＴとは、「情報技術」のことで、近年では「ＩＣＴ（情報伝達技術）」と呼ばれることもあります。日常であたりまえのものとなり、ネットを使わない日はない、という人がほとんどではないでしょうか。

しかし、そんなＩＴ分野で日本は世界に大きな遅れをとっています。コロナ禍でリモートワークが推進されても結局導入できていない、行政でもデジタル化が一向に進まないなど、問題は山積みです。

「10代20代の人はネットリテラシーが高い」というイメージがあるかもしれませんが、「スマホでＳＮＳやゲームはするし、YouTubeは見るけれど、パソコンのキーボードは打てない」という人も多く、利用していたとしてもコンピューターを正しく理解できているとは言えず、根本的なリテラシーが高いとは言えません。ＩＴ業界の中でさえも「若手プログラマーはプログラミングの基礎ができておらず、めちゃくちゃなコードを書く」という問題も聞かれます。

そうなってしまった大きな原因の1つとして、日本では「縁の下の力持ち」的な存在であるエンジニアに対する評価が高くなく、役職や給料などの面でも軽視されてきた歴史があります。ＩＴ業界は派遣中心の構造となり、ブラックな企業体質が蔓延し、その結果として様々なところでシステム障害が起きているのです。

また、社会全体のＩＴリテラシーが低いのも問題で、一部には情報化に抵抗する文化まであるために、社会にＩＴが十分浸透しているとは言えません。

このような状況を総合的に見ると、日本は世界的に見ればすでにＩＴ後進国なのです。

一方、ＩＴ化が進んでいる国はどこかと言うと、アメリカの他にエストニア、イスラエル、シンガポール、中国などが挙げられます。

これらの国に共通するのは、「危機感」です。たとえばエストニアは音声通話アプリの元祖「スカイプ」発祥の国として有名で、行政の電子化をいち早く実現しています。公文書も、国民の身分証も保険証も、あらゆるものが電子化されている先進的な電子国家です。

その背景には、過去にロシアやドイツに領土を脅《おびや》かされてきた歴史があり、「いつ国がなくなるかわからない」という危機感を持ってきました。その中で国として力をつけていかねばなりません。

国の力とは言い換えれば経済力であり、十分な資源や領土のない国が経済力をつけるには国民一人ひとりが教育によってＩＴリテラシーを高めていくことが必須です。このような明確な目的があるため、ＩＴベンチャーを中心とした行政システムのスマート化と、そのための教育を国全体で行うことができました。

中国の場合、ＩＴ分野を牽引しているのは一部のグローバル人材ですが、何と言っても人口が多いので、割合が少なくても国全体ではかなりのボリュームが出てくるのです。日本と比べれば人口が10倍違いますから、私たちが中国と同じレベルのＩＴレベルを獲得しようと思えば、中国の10倍以上の確率で優秀なグローバル人材を生み出すことが必要になります。

ところが、日本でそこまで真剣に考えている人は少ないのが現状です。

実際、「何にＩＴを使えばいいのかわからない」と途方に暮れている自治体・企業は非常に多く、「とりあえず新しいものを取り入れておけばいいだろう」とばかりに、トップが「あとは現場でよろしく」と丸投げをするケースがよく見られます。

つまり、**本質的なITへの興味や知識のある経営者・政治家などのトップがほとんどおらず、その必要性・使い方を理解できていません。**そのため、取り入れ方が中途半端になってしまうのです。

2020年度から小学校、中学校、高校でプログラミング教育が始まりますが、このカリキュラムを決める文科省の人たちがITに強くなければ、目標数値だけ設定して、実際の対応は現場任せ。結局、困るのは現場の教師たちという状況になるでしょう。

その意味では、昭和の時代から一部の人間がブラックボックスで意思決定を行い、あとはその通りに動けばいいのだという日本の組織構造はほとんど変わらないままです。上層部が本当の意味でITを理解し積極的に投資をするという変化がない限りは、日本に本質的なIT化が起きるかというと、なかなか難しいと言えます。

このように根深い問題があるので、現状、ITに関しては個々人がリテラシーを高めていくしかありません。

近年、ITはいまだかつてないほど進化しています。リテラシーのある人、ない人では、このちのち非常に大きな差となっていくのは明らかですので、そのような前提をもとに、この章ではＩＴについて見ていきましょう。

まとめ

日本がＩＴ後進国である理由

リーダーたちがＩＴに対する本質的な理解・興味がないため。
個々がリテラシーを高めていくしかない

27 フィクションの世界はすでに現実になりつつある

ＩＴの分野には、時代ごとに様々な概念が登場してきます。古くは「ユビキタス」などもありましたが、近年政府が推奨しているのが「デジタルトランスフォーメーション（ＤＸ）」という概念です。

経済産業省ではＤＸを「データとデジタル技術を活用して顧客や社会のニーズをもとに製品やサービス、ビジネスモデルを変革するとともに、業務そのものや、組織、プロセス、企業文化・風土を変革し、競争上の優位性を確立すること」……と難しく言っているのですが、ＤＸとは、**要するに「今までアナログでやっていたものをデジタル化すること」です。**

たとえば、人間が人力で数えていたものをカメラで検知して自動で数えるようにしたり、より身近なことで言えば、勤怠管理をエクセルにするなど、そのようなことを指します。

そもそも日本の組織はＩＴ化が遅れていますから、「紙で管理していたものを、パソコンで管理しましょう」と解釈してもいいくらいかもしれません。

この概念を提唱したのは情報学の権威であるエリック・ストルターマン教授なのですが、エリック教授は、「ＤＸはＩＴをうまく利用し、人生のムダな時間を減らし有意義に使うために実施すべきだ」と述べています。逆に、システムの構築が目的になり、その目的が価値につながっていなければ、人間はシステムに翻弄されて、人生の時間の多くをムダにしてしまうだろうと伝えています。

実際、大手銀行のＡＴＭのシステムエラーでお金が引き出せなくなる事故などが起こっていますが、人間がシステムに翻弄されることが実際に起きているのです。

今、世の中では「ＩｏＴ（Internet of Things／もののインターネット）」が次々と導入されてきていて、自動車、オーディオ、洗濯機、玄関ドア、監視カメラ、電子レンジなど、生活の中のあらゆるものがネットで接続されるようになってきています。

今後もこの流れは確実に進んでいくでしょう。

たとえば身分証の代わりに体内にマイクロチップを埋め込むことになれば、人間自体もネットワークの中の１つとなっていきます。

そのような中では、「どうITを活用するか」ということを私たちがしっかり考えていかないと、スマート化する世界各国に遅れるだけではなく、できの悪い情報システムに人や社会が翻弄され、その結果、貴重な人生の時間をムダに費やすような未来がありえるかもしれません。

これは脅《おど》しやたとえ話ではなく、本当にそうなりつつあるということはぜひ知っておいてください。日本ではテクノロジーへの関心が低いためにメディアもあまり取り上げないのですが、最新のテクノロジーには革命的な進化が起きています。

たとえば、「ウェアラブル端末」といってメガネがスマホ代わりになる端末の実用化や、網膜に直接情報を投影できる技術が完成しつつあります。

また、自動車ではフロントガラスに情報を投影できるプロジェクターが開発されており、ナビ情報と目の前の景色が一体になり、目の前に歩行者がいる場合は、その人を囲って「注意してください」と表示されるようなシステムもできています。

VR（仮想現実）の技術もすさまじく、たとえば「オキュラス」という製品を体験した人からは「これなら外に出かける必要がなくなる」と感想が出てきます。今後一般的になるにつれて、「VRの世界にいたほうが幸せ」だと、VRの中で恋愛体験などを含めた日

■景色とナビ情報などが一体となる

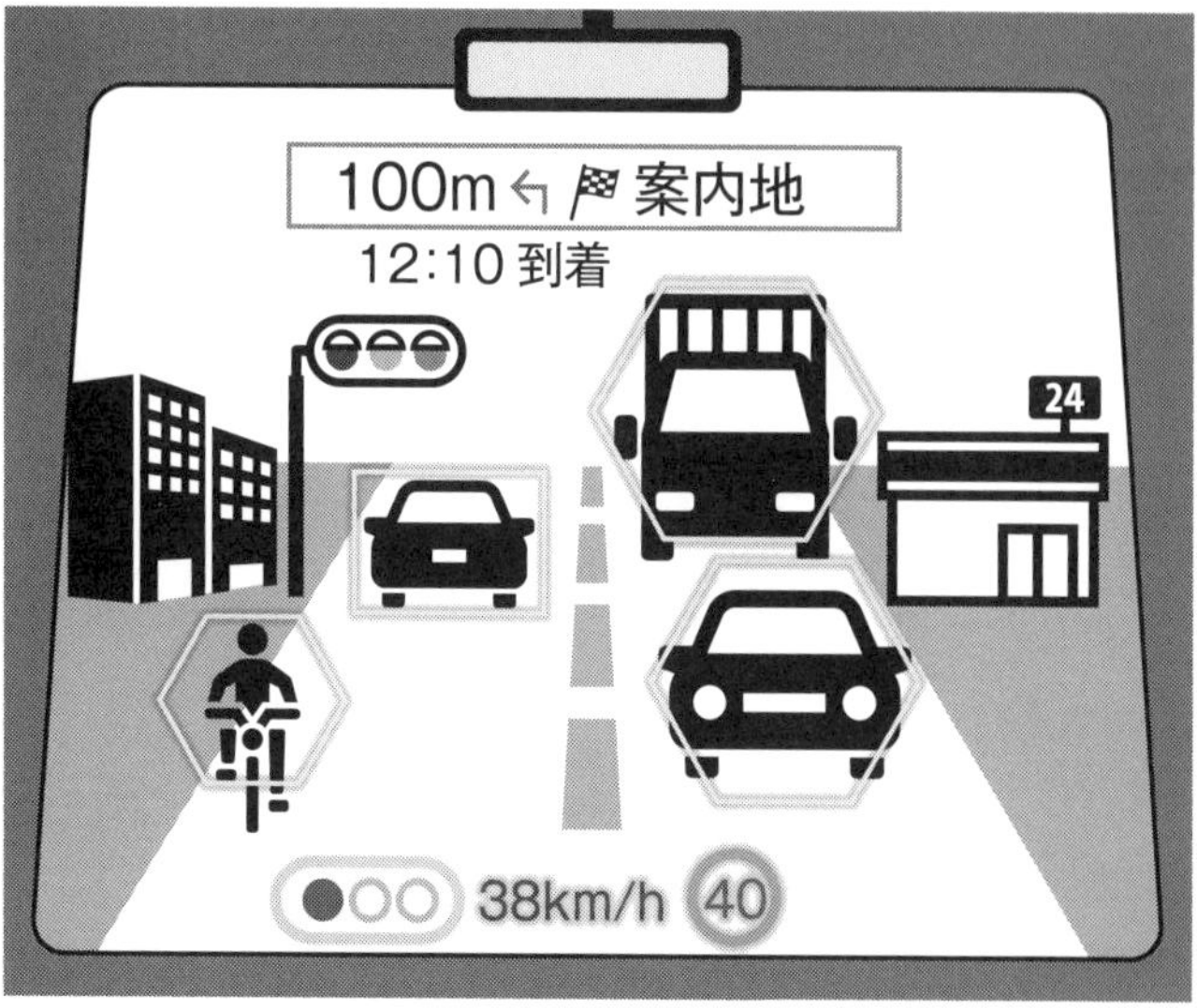

常生活を送る人が相当数出てくるでしょう。

さらには、感情をコントロールする技術も進んでおり、たとえばうつ症状の人の頭に電極をつけ、一定の電流を流すことで治療を行う試みも始まっています。

本当なの？　と思うかもしれませんが、遠い未来の話ではありません。

すでに起きていることなのです。

社会の仕組みをゆるがしかねない技術が実現化しつつあります。

だからこそ、その使い方を含め、技術者のみならず、すべての人がＩＴリテラシーを高め、理解した上で賢く利用できるようにしておくことが必須になります。

本来、ITというのは「仕事や生活を合理的にし、時間のムダを省くためのツール」として生まれたものです。今後どのようなシステムや概念が生まれたとしても、それは変わりません。

しかし、この本来の目的を忘れて「新しいシステムを導入さえすれば便利になる」と考えてしまうと、様々な間違いが起きてしまいます。

「ITを導入すればものが売れる」と考える人は多いのですが、そうではありません。そもそもビジネスモデルができていないのに、新しいシステムを入れるだけでは、かえって現場に混乱を生む原因になります。

AI、IoT、仮想通貨などに使われているブロックチェーン技術、量子コンピューターなど、今後も技術は大きく進歩していきます。

その技術をものにできるかどうかは、根本的なITリテラシーにかかってくるでしょう。人の噂話や単なる流行、また難しそうな概念にだまされることなく、自分の目で取捨選択をしていくことが必要です。

ITを導入することを目的にするのではなく、「自分の課題を、ITを使えばどのように解決できるか？」と、このように考えるのがリテラシーの高い考え方になります。

まとめ

テクノロジーが進化する中で考えるべきことは

ＩＴを取り入れることを目的にせず、自分の課題をどうＩＴで解決するかと考える

28 ネットで得られる無料の情報は「無料相応の価値しかない」と考える

現代人にとって、ネット検索はほぼ必須です。仕事でもプライベートでも利用しない日はないでしょう。しかし、そうしてネットで情報を検索する上で、ぜひ知っておいてほしいことがあります。それは、「無料で得られる情報は、所詮《しょせん》、無料の情報である」ということです。

歴史を遡れば、インターネットとは海外の大学の教授たちが作り上げた通信システムで、当初は非常に質の高い、インテリジェンスの高い情報が集まるシステムでした。

しかし、一般化、大衆化してくるにつれて、PV数を稼ぐためのサイト、SEO対策だけしっかりしていて中身のないサイトなど、質の悪い情報も増えてきているのが現実です。

たとえばニュースサイトを見ていても、ゴシップネタ、タイトルだけの釣り記事、炎上ネタ、広告記事が多いのはよくわかると思います。

いったい、どのように情報と付き合っていけばよいのでしょうか？

まず、検索エンジンについてですが、基本的にはグーグルでよいでしょう。グーグルは情報のスクリーニングには丁寧に、そして公平なガイドラインを設けています（ヤフーの検索エンジンもグーグルです）。

そのため検索結果の順位を決めるルールは定期的に見直されており、最近では専門的でない内容、文字の少ないサイト、反社会的な内容（爆弾の作り方、児童ポルノなど）などが上位に来ないように改善されています。

ただ、それでも調べるテーマによっては大手サイトの似たりよったりの情報ばかり、ということもあります。

そうした際には、キーワードを変えてみるのが基本です。

たとえば、「東京　公園　人気」だと定番の公園の情報が出てきますが、少し角度を変えて「東京　公園　子ども　遊べる」とすると、特定の施設など、よりピンポイントな情報が出てくるようになります。

このような生活情報であればネットで事足りることも多いでしょうが、専門性が高く、より質の高い情報がほしいときには無料の情報では限界があることは知っておいてほしい

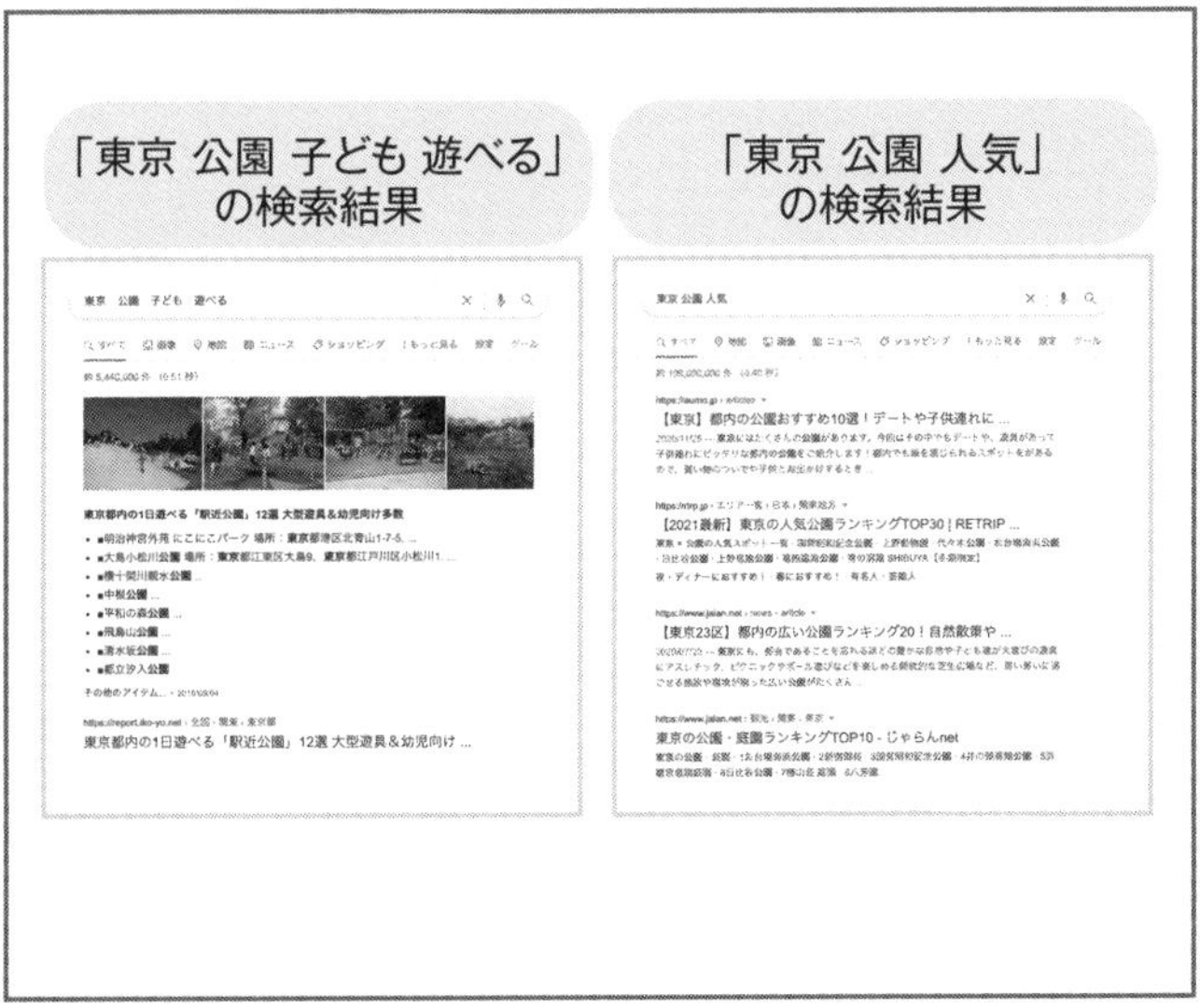

ところです。

英語など外国語が堪能で、海外のサイトや科学論文なども読めるならば話は別ですが、多くの人はそうではありません。そもそも、自分で調べるのは効率が悪くなります。

質の高い情報を効率よく収集したいという場合には、有料のものも検討してください。

たとえばニュースならば、「日経電子版」は取材がしっかりしているため記事の質が高いことが多いですし、ITの分野でいえば「MITテクノロジーレビュー」のように最新のテクノロジーをまとめた専門誌・専門サイトは読み応えがあります。ネット時代にあっても「有料版でビジネスが成り立っている」ということは、それだけ読者の満足度も高いということです。

ただし、有料版でも手放しにおすすめできないのは有料メルマガや会員制のサロンなどです。もちろん、サービス自体が悪いというわけではないのですが、有名人というだけで人気を集めているものやゴシップネタ中心のものも多くあり、玉石混交なのです。

注意点として、「人気」と「質の高い情報の有無」は、必ずしも比例しません。ファンクラブのようなものと割り切っているのならよいのですが、必ずしも、権威のある人だから、有名人だから価値の高い内容を発信するわけではないのです。

今の社会で質の高い情報とは、**「多角的で視野が広い」「客観的」「深い知識レベルでの発信」**などが条件として挙げられます。

情報の質の見極めは、ある程度比較したあとでないとわからないことが多いので、最初は様々な情報を広い視野で見ていくことをおすすめします。

情報収集でもっとも重要な点は、どんな情報も、最終的には自分自身で判断する必要があるということです。誰かの情報をそのまま鵜呑みにするだけでは、リテラシーはまったく高まりません。

その都度、ある意見とその逆の意見も見て、最終的に自分で咀嚼し、論理的に考えた上で何を信じるのかを決めてください。そうやって調べていくうちに、「ある部分は自分と同じ意見だが、この部分は違う」というように、より客観的にものごとを見ることができるようになります。

世界的に見れば、こういったことは学校教育でディベートによって訓練されるものなのですが、日本の学校では教えられないことがほとんどなので、結果的に流されやすくだまされやすい人が多くなっている、という面もあるでしょう。

他人に判断をゆだねていると、フェイクニュースにだまされたり、犯罪に巻き込まれたり、お金や時間を損したり、ということになってしまいます。

まとめ

情報収集のコツは

無料の情報は質に難があることが多いので、有料のものを購入するのも手。多角的に情報を拾う

29 ＩＴのプロがＭａｃを選ぶのはなぜか？

続いて、デバイスの話をしていきましょう。パソコンといえば、Windowsを搭載したパソコンか、Macを選ぶかの二択になるのが一般的です。

ＯＳの世界的なシェアとしてはWindowsのほうが高いのですが、熟練のプログラマーなどＩＴリテラシーの高い人はMacを選ぶ傾向があります。

なぜMacを使うかというと、特にプログラミングを使う職業の人にとって使い勝手がいいからです。

ネット黎明期《れいめいき》からのエンジニアは、たいていLinux（リナックス）というＯＳを使っていたのですが、MacのＯＳはLinuxと同じく「ＵＮＩＸ（ユニックス）」というＯＳをベースに開発されており、親和性が高いのです。また、普段からどこに行くにもパソコンを持ち歩くエンジニアにとって、軽く薄く高性能なMacBookは非常に魅力的です。

Windows OSを利用する人であれば、同じく薄く軽く高性能なマイクロソフトのサーフェスコンピューターを選択する人が多いと思います。

またもう1つ、Macはウイルスに感染しにくい特徴もあります。というのも、世の中に出回っているコンピューターウイルスは、ほとんどWindows上で動くように作られています。理由は、Windowsのほうが市場シェアが高いからです。ウイルスを作る側もできるだけウイルスを広げたいですから、必然的にWindows用のウイルスを増やすことになります。

ただし、近年はMacで動くウイルスも増えてきていますので、Macであっても対策は必須です（詳しくは次項で紹介）。

リテラシーの高い選択としては、Macがいい、Windowsが悪いではなく、用途・自身の環境や仕事内容に合ったものを選ぶことです。

iPhone、iPadなど、アップル社の製品を持っている人ならMacのほうがより連携しやすくなりますし、スペックに関していえば動画編集など負荷をかける作業をしないのであれば上位機種は必要ありません。また、移動が多いなら軽くて持ち運びやすいノートパソコンを選んだほうがよいでしょう。

加えて、リモートワークをする人では仕事とプライベート用を完全に分ける2台持ちがセキュリティ上おすすめなので、ぜひ選択肢に入れてほしいところです。セキュリティには絶対はないという前提で、そもそも環境を分けるという考え方が重要です。

加えて、参考程度の情報ですが、ＩＴリテラシーが高い人はGmailをメーラーに選ぶ傾向があります。ネット黎明期には先進的なツールであったこと、ウイルスチェックの精度の高さ、仕分けのしやすさなどから選ばれてきました。

また、ブラウザもグーグルのChrome（クローム）を使っている人の割合は高いです。ただ、ブラウザに関しては好みも大きく分かれるところがあるので、それほど機能に差はないため、「Firefox（ファイアフォックス）」「Microsoft Edge（マイクロソフト・エッジ）」などを選ぶ人も増えています（マイクロソフトのInternet Explorerは開発が終了し、今後は後継ブラウザのMicrosoft Edgeに置き換わります。Internet Explorerを使っている方は、Microsoft Edgeへの移行をおすすめします）。

状況によってもちろん変わるのですが、このあたりが比較的リテラシーが高めの選択と言えるでしょう。

ちなみにですが、ＩＴの専門家でタバコを吸う人はほとんどいません。というのも、タバコのヤニはパソコンの内部を汚し、寿命を縮めてしまうからです。実際、喫煙者のパソコンの中を見てみると、ヤニが入り込んでベトベトというか、ギトギトしています。

まとめ

パソコンを選ぶときには

自分の持っているスマホや用途などから自分の判断で選ぶ。リテラシーを高める第一歩

情報収集とデバイスのリテラシー

30 パソコン、Androidスマホにはアンチウイルス必須。機器を守るための知識

パソコンにセキュリティソフトは入れているでしょうか?

結論からいくと、**パソコンには必ずセキュリティソフトを入れてください**。セキュリティソフトを入れないことは、リスクをいたずらに増やすことになります。

そもそも、パソコンはどこからウイルスに感染するかと言うと、経路は大きく2つあります。

1つは、怪しいサイトの閲覧をし、ウイルスが寄生しているファイルをダウンロードしてしまう場合です。感染経路が多いサイトとしては、アダルトサイトや無許可で漫画を配布するサイトなどです。

そしてもう1つはメールによる感染で、受信したメールの添付ファイルを開いたことによるウイルス感染の事例が増加傾向にあります。フィッシングメールでパスワードやカー

ドの情報を盗むというパターンもあります（フィッシングメール対策については第6章で紹介）。

自然災害などと同じく、「自分は大丈夫」ではなく、常にリスクにさらされていると考えて対策してください。

セキュリティソフトにも無料と有料のものがありますが、まずWindowsユーザーの場合は、Windows10ではマイクロソフトがWindows Defenderという公式のセキュリティソフトを同梱しています。これは無料で使うことができます。

反対に、**聞いたことのないマイナーな会社のセキュリティソフトは、無料でも手を出さないようにしてください**。

近年は、「セキュリティソフトのふりをしたウイルス」も開発されており、たとえばウェブページで「あなたのパソコンが感染しました」と警告が出て、ウイルスソフトを買うように誘導してくれることがあります。これは、典型的な「ウイルスソフト詐欺」ですので絶対にインストールしないようにしてください。

一方、有料の場合には次のような製品が代表的なものになります。この中から選んだほうがより無難だと言えます。

■ウイルスソフト詐欺に注意

Google
Friday 21,2021
○○○○○（端末名）のウイルス感染が検出されました。
セキュリティ対策をとらないとSIMカード、写真、および連絡先がまもなく破損します。
3minutes and 20 seconds
ウイルスの除去方法:
ステップ1：下のボタンをタップしてGoogle Play Storeに進み、推奨されているウイルス除去アプリを無料でインストールします。
ステップ2：アプリを実行し、全てのウイルスを除去します。
ウイルスを今すぐ除去
システム警告
Windowsセキュリティシステムが破損しています。
21,2021
Windows システム：
Windows 10
警告! Windows セキュリティによってシステムが壊れていることが検出されました。ファイルは270秒で削除されます。
必須：下の［更新］ボタンをクリックして最新のソフトをインストールしてスキャンし、ファイルが保護されていることを確認してください。

1　ウィルスバスター
　（トレンドマイクロ社）
2　カスペルスキー
　（カスペルスキー社）
3　ESET（イーセット社）
4　McAfee（マカフィー社）

なお、Macの場合は市場シェアが低い分、OSのバージョンアップをしたとき、セキュリティソフトが対応するまで時間がかかる場合があります。

比較的対応が早いのは「カスペルスキー」です。

Windowsに比べてウイルスにかか

ることは少ない傾向とは言え、必ず入れておくようにしてください。

スマートフォンに関しても、ＯＳがAndroidの場合にはセキュリティのアプリを入れることをおすすめします。

というのも、iPhoneやiPadの場合、アップルが公式に認めたアプリ以外はインストールできないのでセキュリティは高いのですが、Androidはグーグルに認証されていないアプリ、通称「野良アプリ」も入れることができてしまいます。そのための対策です。

共通することとして、**スマホの場合には顔認証や指紋認証が強いセキュリティ対策になる**ので、その機能が備わっている場合にはぜひ利用してください。

ただし注意点として、セキュリティソフトなどを入れたからと言って、１００％安全になるとは言えません。

セキュリティが破られてもっとも問題になるのは、業務上の重要データの流出です。どれだけ個人で気をつけたとしても、「絶対」はありません。そのために、万が一セキュリティが破られたときのことを想定しておかなければなりません。

意外と対策されていないのですが、企業のセキュリティでまっさきにやるべきなのは、データを重要度によって分けることです。

具体的には、「絶対に守らないといけないもの」「最悪、漏れてもいいもの」とを分類し、絶対に守らないといけないデータは、それ専用の端末を用意します。そして、ネットワークも一般のものとは別のものを用意し、完全隔離してください。よほどのことがない限り、システムから持ち出してはいけません。もちろんＵＳＢメモリに保存することも、家に持ち帰るパソコンに入れてもいけません。

リモートワークをする人も増えたと思いますが、その場合には、仕事と個人のパソコンは分けることをおすすめします。

仕事用のパソコンは完全に仕事用として使い、プライベートな情報を入れない、調べないようにします。可能であれば、重要なデータを保管しているパソコンやディスクはインターネットへつながるネットワークとは別にして、独立したネットワークに所属させておくといいでしょう。

漏れてはいけないデータの入った端末では、くれぐれも怪しいネットワークとつなげたり、怪しいサイトを開いたりしないようにしてください。これを徹底するだけで、漏洩のリスクは大きく減らすことができるでしょう。

まとめ

セキュリティの基本的な考え方

ウイルス対策は必須。特に重要なデータは端末を別に用意し、完全防備する

情報収集とデバイスのリテラシー

31 中国製のスマホは使ってはいけない？「陰謀論」的な情報との付き合い方

一部ネットなどの情報では、「中国製のスマートフォンやパソコンは情報を盗まれる可能性があるから使ってはいけない」という陰謀論のような話があります。これは本当なのでしょうか？

これは、「本当のところはわからない」というのが答えになります。ネット上に陰謀論めいた話はたくさんあり、「火のないところに煙は立たない」と言えるかもしれませんし、「荒唐無稽《こうとうむけい》な作り話」だとも言えます。

何年も時間が経てばわかってくることもあるかもしれませんが、「明智光秀がなぜ本能寺の変を起こしたのか？」でさえ、時代ごとに新説が生まれている状況です。それこそ、「宇宙人はいる・いない」のような話なのです。

つまり、国家間で巻き起こる噂や陰謀論に関して、何が真実かを一般人が判断することはおそらくできません。言い換えるなら、「庶民が気にしてもしょうがない話」とも言えます。

国家の機密情報をハッカーたちが盗もうとする「サイバー戦争」がありますが、このようなことが起きるのは「情報を持っている国」が政治では有利になるからです。

しかし、ハッカーたちがほしがっているのは、軍事にかかわる機密や、政府高官が持っているような高度な機密情報です。

そうした人々には徹底した情報管理が必要になりますが、大半の一般人の個人情報は、盗まれたところで使いようがありません。もちろん、詐欺などの犯罪に使われるケースもあるのでセキュリティ対策は十分しておく必要がありますが、**「国が禁止する」などのことがない限り、デバイスで神経質になりすぎる必要はないでしょう。**

詳しくはこのあと紹介しますが、そもそも漏れて困るような情報を発信しない、持たない、というのが重要になってきます。

不安ならば中国製以外を選んだほうがいいと言えますが、国産の製品だと言っても、結局、部品は海外からの寄せ集めです。半導体が中国製かもしれませんし、組み立ても中国で行われたものかもしれません。一般人のレベルでそれを把握し完全に排除することは難

■中古のスマートフォンには要注意

しいでしょう。

ただし、携帯電話やパソコンに限らず、一部海外製品には自然発火の事故が起きるなど、「安かろう悪かろう」の現象は起こり得るので、そこは自己判断が必要です。

専門家ではない人の場合、多少値段が高くても、一般的に出回っている大手企業のものを使う方が無難です。特にインターネットで購入する場合は、値段だけで決めないように気をつけてください。

また、**中古のスマートフォンは、購入した時点でウイルスが仕組まれている事例も報告されています。**十分に信頼できない業者から中古のスマートフォンを買うことはやめたほうがよいでしょう。

なお、参考までにですが、重要機密を扱う人がデバイスの安全性を高めたい場合には、一般的に普及していないものを使うのは1つの手です。

たとえば、アメリカのオバマ元大統領が「ブラックベリー」という携帯電話を愛用していたという話があります。好みの部分ももちろんあるでしょうが、一般的にシェアの少ないものは標的になりにくいという点と、機能を大幅に制限でき、その分利便性は下がりますが、セキュリティに強いという利点があったと考えられています。

まとめ

陰謀論との付き合い方

深入りしても、一般人に真相はわからない。デバイス程度では過度に神経質になりすぎない

情報収集とデバイスのリテラシー

32 非公開情報も、いつか漏れるものだと考えてネット・SNSを使うこと

以前、ネット上の意見表明の場としてはネット掲示板がありましたが、それにとって代わったのがSNSやブログです。ツイッターなどによる誹謗中傷が刑事事件になるなど問題化していますが、こうしたネット利用で注意してほしいことがあります。それは、**現在非公開にしている情報も、その情報が漏れる可能性は常にある、**ということです。

たとえばSNSのプロフィールに掲載している情報、投稿した画像、動画やテキストなど、公開範囲を限定していたとしても、その情報はオープンになることがあります。

どういうことかと言うと、公開設定の権限の大本はそのサービスを運営している会社にあります。担当者が「うっかりミス」で公開設定を間違えれば、非公開にしていたはずの情報も公開されてしまう可能性はあるのです。また、攻撃を受けて情報漏洩する可能性も0ではありません。

実際、フェイスブックでも個人情報の漏洩があったように、どれだけの大企業でもセキュリティに完全はありません。また、ラインなどのメッセンジャーアプリでは、限定公開したとしても、それを見た友人がケンカなどのトラブルを発端にインターネット上に公開する事例もあります。

さらに、「匿名だから大丈夫」と、つい過激な内容を発信してしまう人もいるかもしれませんが、SNSへの誹謗中傷の投稿、卑猥な写真や動画の投稿、ニュースへのコメントや商品のレビューなどは、**情報漏洩などによって外部に情報が漏れ、個人が特定されてしまった事例が過去にはあります。**

基本的には、「漏れる可能性は0ではない」という前提でネットを利用する必要があります。くれぐれも、あとで発覚して「でき心でやってしまった」「ごめんなさい」などとならない、健全なネットサービスの利用を心がけてください。

まとめ

情報はいつか漏れると考えるべき理由

セキュリティに絶対はないため。身元がばれて困るようなことはしない

情報収集とデバイスのリテラシー

33 クレジットカードは「ネット決済専用」のものを用意する

日常的に通販を利用している人も多いと思いますが、ネットの通販でぜひ考えていただきたいのが、クレジットカードの使い方です。

ネット上の決済ではクレジットカードを使うのが一般的ですが、頻繁に起きるのが情報流出です。

有名なサイトでも情報流出は起きており、有名なサイトだから安全というわけではないので注意してください。もちろん、大手サイトは情報漏洩に多大なコストをかけてセキュリティ対策を行っています。一方で、名の知れた会社のほうが顧客情報も多いので狙われやすい面もあり、事故の件数は増加傾向にあります。

情報流出が起きてもっとも問題になるのがお金にまつわることであり、具体的にはクレジットカードの情報流出です。悪用される可能性が非常に高くなります。

もしも流出してしまった場合、対策としては残念ながら**クレジットカードの利用を停止し、再発行することしかありません。**カードが再発行されるとカードの番号も変わり、支払い情報を登録しているあらゆる機関で登録し直す必要があります。

ネット上ですべての手続きをできればいいのですが、中には支払い方法の変更をするのに「紙で申し込みが必要な場合」もあり、再発行して手元に届くまで時間がかかって、精神的・物理的にもなかなかの労力を使うことになってしまいます。

そうならないようにおすすめしたいのが、「ネット決済専用」のクレジットカードを持っておくことです。

「そのサイトでしか買えないものがあって、どうしても利用したい」という場合には、ネット決済専用のカードで支払うようにして、流出したときのダメージを最小限におさえます。

このように、**「普段用（メインのカード）」「ネット決済用」と、目的によってカードを分けておくこと**が現時点ではもっとも無難な対策となるでしょう。

さらに、ネット通販を頻繁に行い、様々なサイトを利用しているという場合には、ネット決済専用のカードも「メイン」と「サブ」に分ける方法もあります。

アマゾンや楽天など信頼できる大手のサイトはメインの決済カードを登録しておき、セキュリティにやや不安がある中小のサイトや海外のサイトの決済には「サブ」のカードを使うようにします。

最近では、カード会社も「バーチャルカード」というサービスを始めていて、これはオンライン決済専用、「実物なし」のカードになります。そのため再発行の手続きも早いですし、簡単です。このようなサービスをあわせて検討してみてもいいでしょう。

あらゆるネット利用に通じることですが、ネットは性善説ではなく、性悪説にのっとって行動してください。やはり、「漏れること」を前提にしていくことがITリテラシーの基本となります。

まとめ

ネット決済専用のカードを持ったほうがいい理由

有名企業でも情報漏洩は起きるため。
メインカードの再設定は大変なので、少しでもリスクをおさえる

34 パスワードを使い回さないための方法は3つ

日常でネットを使っていると、あらゆるところでパスワードの設定を求められます。よく言われるように、「パスワードの使い回し」はリスクを高めます。

たとえば、会員登録していた企業から情報流出が起きたとします。そのサイトと同じメールアドレスとパスワードを、通販サイト、グーグルアカウント、SNSなどで使い回していた場合、アカウントを乗っ取られる、業務上の重要情報が盗まれる、クレジットカードを不正利用される、など大きな被害につながる可能性があります。

もちろん近年では不正ログインを防ぐためにスマホを使った2段階認証もあるので簡単にはいかない面もあるとは思いますが、それにしてもパスワード管理は徹底すべきです。

具体的には、大きく3つの方法があります。

〈パスワード管理の方法〉

１　捨てパスワードと、重要なマスターパスワードを用意する
２　有料のパスワード管理ソフトを使う
３　ブラウザで管理する

　1つ目は基本的なところで、「最悪、破られてもいい」という捨てパスワードと、重要な「マスターパスワード」を用意します。ちょっとした情報収集目的の無料サイトの会員登録など、乗っ取られても問題ないというサイトでは前者の捨てパスワードを使い、「グーグルアカウント」「Apple ID」などの重要なアカウント管理や、後述する管理ソフトのパスワードに、マスターパスワードを使用します。

　2つ目のパスワード管理ソフトとは、複雑で破られにくいパスワードを自動で作ってくれるサービスで、「マスターパスワード」が1つあれば利用することができます。無料のものもありますが、可能ならば有料のものを利用し、かつ人気の高いものを選ぶようにしてください。

　3つ目は、ウェブブラウザによる管理です。使用するブラウザによっては、パスワード

管理ソフトと同じように複雑なパスワードを自動生成してくれ、ブラウザに記憶させることができます。

自分で覚えておく必要がなく、セキュリティは高まりますが、これらの方法も100%ではないことには注意してください。

特にデバイスの管理には要注意で、生体認証なしのピンコードや簡単なパスワードでスマホやパソコンを管理している場合、盗難などの際、情報を盗み放題となり、ブラウザに記録されているパスワードも引き出されてしまう可能性があります。

なお、マスターパスワードを作るときの考え方ですが、基本的なこととして次のような点に注意して作成してみてください。

- アルファベットは大文字、小文字を混ぜる
- 意味のある単語、誕生日や連続した数字（123）など推測されやすい数字を使わない
- 記号（ハイフン、アンダーバー、アスタリスク＊など）を入れる

たとえば、NTTドコモが発表している「ハッキングに6億年かかるパスワード」の例

として、こんなものが挙げられています（あくまで例なので、これをパスワードとして利用しないでください）。

- **ThisIsMyPasswrd**
- **iLoveAvOcado!**

このように、わざとスペルミスをして大文字と小文字を混ぜる、数字の0とアルファベットのOを置き換えるなど、少しの工夫でパスワードは強くなります。

ただ理想を言えば、**人間から見るとまったく法則性のない意味のわからない文字列が最善でしょう。**

今後スーパーコンピューターの性能が進歩すればこのような対策をしてもすぐに破られてしまうこともあるかもしれませんが、現状ではこの方法をおすすめします。

まとめ

パスワードを使い回さないために

有料システムやブラウザの機能を使い、自分で覚えなくていいようにしておく

第４章

住まい

家・土地選びのリテラシー

監修 鈴木誠
（誠不動産 代表）

LITERACY
ENCYCLOPEDIA

第4章

住まい

PROFILE

「住まい」監修

鈴木誠

(すずき・まこと)

1977年茨城県生まれ。誠不動産株式会社代表取締役。REAN JAPAN理事。高校卒業後、陸上自衛隊(朝霞駐屯地)に入隊。その後アパレル販売員を経て、不動産業界に転身。大手不動産仲介会社を経て独立。既存顧客の紹介を条件に物件案内をする完全紹介制で、ご縁のあったお客様に心を込めて全力で「住んだ後に幸せになっていただける空間」を提供している。お客様への徹底した心づかいが評判を呼び、芸能関係者やプロスポーツ選手など、紹介は途切れることがなく、年間の物件内見数は日本一を誇る。日本テレビ系「有吉ゼミ」不動産コーナーに出演中。不動産仲介業界の健全な発展のために日夜尽力しており、不動産賃貸仲介の未来をつくる「REAN JAPAN」に理事として参画している。

家・土地選びのリテラシー

35 コンクリート打ちっぱなしの家や最上階は選ばない

ここからは、「不動産」について見ていきます。何千・何万もの物件を見ているプロからすると、「この家は住みづらいから選ばない」という要素がいくつかあるのですが、意外と知られていないことも多いものです。

ここではまず、その代表的なものを紹介していきましょう。

〈住みづらい要素のある物件の特徴〉

1　コンクリート打ちっぱなしのマンション
2　マンションの最上階
3　メゾネット物件
4　メインの窓がくもりガラスの物件

5　半地下・地下の物件

6　「欠け」の多い部屋

それぞれ見ていきましょう。まずコンクリートの打ちっぱなしです。デザイン的にはカッコよく見え、特に2000年代に入って流行りだしたものなのですが、コンクリート打ちっぱなしの物件は熱効率が悪く、「夏暑く」「冬寒い」特徴があります。特に冬の冷えは厳しく、暖房も効きづらいので光熱費も上がってしまいます。

2つ目の「マンションの最上階」も知っておきたいポイントで、部屋が暑くなりやすいです。太陽からの熱を直接受けるので、他の階と比べて2～3℃違ってきます。住み心地を考えると、最上階の1階下などを検討するのもおすすめです。

3つ目はメゾネットタイプの物件です。フロアが分かれていて、一軒家のような感覚で住むことができますが、「トイレのたびに階段を上り下りしなければいけない」といった小さな移動がどうしても増えてしまいます。また、エアコンも効きにくいです。

4つ目は、メインの窓がくもりガラスの物件です。まわりから中が見えないようになった窓ですが、外の景色が見えず、住むと「気分が沈む」と感じる人もいます。

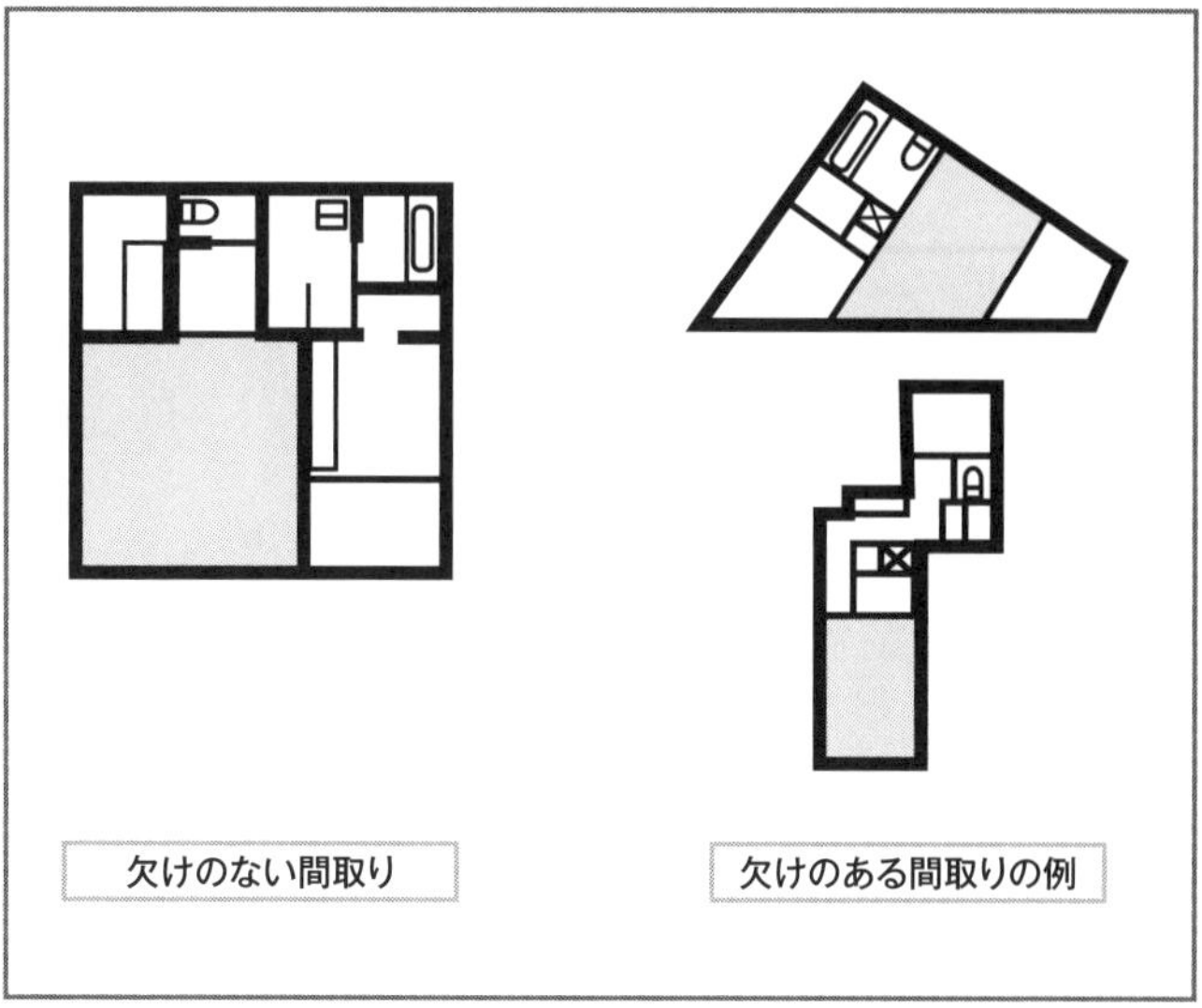

５つ目は半地下・地下の物件です。

湿気がこもりやすいのと、雨の影響を考えるとおすすめできません。

特に近年は豪雨による浸水被害が日本各地で起きていますので、選択肢から外してもらったほうが無難かもしれません。

最後は、「欠け」のある家です。欠けがあるとは、つまり、きれいな正方形・長方形ではなく、ところどころ変な形になっている物件のことです。

風水的によくないと言われているのは有名ですが、物理的にもデッドスペースが増えてしまう難点があります。

デッドスペースが多い物件は、平米数の割に狭く感じる、家具がうまく置けない、などの問題があり、家賃に対しての満足度が低い可能性もあります。特に都市部にできる新築マンションは、狭い土地に無理やり建てる場合も多く、おかしな間取りになりやすいです。

ここで紹介した要素の多くは、「見た目的におしゃれ」という特徴もあり、人気物件の場合もあるのですが、実際住んだ人からは今紹介したようなデメリットが聞かれます。

もちろん、家に求める要素は人それぞれで、該当するからダメな家だというわけではありません。ただし、これらのデメリットを理解しておいてから住まないと「思っていたのと違った」ということになります。

購入の場合は特に注意が必要で、これらの要素がある物件は貸すときも人が定着しづらく、売るときにマイナスポイントになることもあります。契約する前に必ず確認するようにしてください。

なお反対に、「選ぶべき要素」とはどんなものかというと、シンプルです。**「日当たりのいい四角い部屋」**をおすすめします。

小さな窓ではなく、生活の中心となるリビングにしっかりと日が入る物件で、形にいびつさのないものを選ぶといいでしょう。

このような物件は空気がしっかり循環し、湿気がたまりにくく、純粋に住んでいて「気持ちのいい部屋」になりやすいのです。「金運のいい人」や「仕事で調子のいい人」などは、このような家を進んで選ぶという傾向も見られます。

まとめ

選ぶべき部屋は

「日当たりのいい四角い部屋」

36 内見では、水圧や駐輪場を見る。賃貸でも購入でも必須のプロの目線

続いては、住環境についてです。住む家・部屋自体はよくても、周囲の環境がよくなくて居心地が悪いということもあります。マンション・一軒家どちらにも共通する「契約する前にチェックしておいてほしい細かなポイント」を紹介しましょう。

〈内見時のチェックポイント〉

1 コンセントの数、場所、位置
2 電圧・水圧
3 携帯の電波は入るか
4 まわりの騒音
5 両隣の玄関・ベランダの状態はきれいか

6 マンションの住人はどんな人か。特に上の階の家族構成
7 においはないか、ゴミ捨て場は清潔か
8 エレベーターや玄関の大きさは、家具や冷蔵庫、洗濯機などが入る大きさか
9 物件のすぐ近くに車を止められるか
10 エントランスがきれいか、ポストにチラシがたまっていないか
11 駐輪場が散らかっていないか
12 事故物件ではないか

ざっと見ても、実はこれくらいのチェックポイントが存在します。それぞれ簡潔に説明していきましょう。

まず、コンセントです。コンセントの数、場所、位置は生活動線に重要な要素で、特にテレビを置く位置、ベッドを置く位置、キッチンまわりの電源は実際に置くものと照らし合わせながら確認してください。テレビを置こうと思っていた場所に電源やジャックがなく、延長コードで無理やり伸ばすので見た目がよくない、というケースもあります。

2つ目が電圧・水圧で、電圧は1人暮らしなら30A程度でもよいですが、2人暮らし以

上では足りないでしょう。築年数が古い場合、電圧を上げられない場合があります。水圧も生活には重要で、水道、風呂場の水圧は可能であれば内見時に確認してください。弱すぎる水圧は生活でストレスを感じる原因になります。

3つ目は、携帯の電波が入るかどうかです。部屋の様々な場所で確認してください。

4つ目は騒音の有無で、電車や車通り、公園や居酒屋など夜に人が集まる場所の近くも騒がしいことがあるので不動産屋にも確認しておきたいところです。

5つ目は両隣の玄関やベランダで、たとえば「玄関前に大量のビニール傘が置いてある」「ベランダが散らかり放題」などは、何かと生活習慣がルーズな人が住んでいる可能性があります。

6つ目は、マンションの住人にはどんな人が多いのか、ファミリー層やシニア層、若者など、その属性や傾向です。特に、上の階に小さい子どもがいる場合、「足音」は鉄筋コンクリートでも響きます。音にストレスを感じる人は避けたほうがいいかもしれません。

7つ目は、においやゴミ捨て場の状態です。汚い場合には、管理が雑である、また住人にマナーのよくない人がいる可能性があります。

8つ目は、エレベーターや玄関の大きさです。狭いとベッドや洗濯機、冷蔵庫などが入らなかったり、買い替えのときに大きいサイズにできなかったりするので、きちんと測っておいてください。特に脱衣所に洗濯機を置く場合、脱衣所の扉が狭くて入らないケースもあるのでこちらも注意が必要です。

９つ目は、物件のすぐそばに車を置けるかどうかです。引っ越しのときや車で大きな買い物をしたあとなど、近くに止められないと荷運びが非常に大変になります。

10個目はエントランスやポストの状態です。管理の悪いマンションでは、床にチラシが落ちていてもそのままなど、汚さが目立ちます。住人の中にもポストに大量のチラシが常にたまっているという場合、やはりルーズな人である可能性が高いでしょう。

11個目は駐輪場で、こちらも散らかり具合で管理の良し悪し、住民の性質がわかります。管理のいいマンションでは、誰も使っていないような自転車があると張り紙などをして、定期的に撤去をします。ボロボロの誰も使っていないような自転車がずっとある場合には、そうした管理が行き届いていないマンションである可能性が高いでしょう。**何かあったときの対応も遅いことが考えられ、購入では危険です。**

最後に事故物件でないかも確認しておくと安心です。事故物件をチェックできる「大島てる」を参考にしてみてください。

ただ、一部事実とは異なる投稿もあるようなので、そのあたりは不動産屋にも聞いてみるといいでしょう。

このように、「住まないとわからない」という問題も、実は内見で見るべきポイントを絞れば、かなりの部分でわかることがあります。

まとめ

内見で見るべきポイントは

実際の生活を想定し、設備、生活動線、環境をチェック

家・土地選びのリテラシー

37 内見のときスリッパを用意しない不動産屋は信用できない

いい家を探すには不動産屋選びが重要なポイントです。お客さんのためを考えてくれる不動産屋もいれば、目先の契約しか考えていない不動産屋もいます。ここでは、信用できる不動産屋とそうでない不動産屋の違いを見ていきましょう。

〈信用できない不動産屋の特徴〉

1　清潔感がない。オラオラしている
2　物件のデメリットを教えてくれない
3　問いかけへの返答が遅い
4　「おとり物件」を掲載している

5 内見前に一時預かり金を徴収しようとする

まずは印象についてです。清潔感や丁寧さ、安心感があるかどうかは大事にしたほうがいい要素でしょう。スーツの着こなし、靴のきれいさ、髪の長さなど、身なりは仕事にもあらわれます。

また内見のときに鍵を前もって開けていない、スリッパを用意しない、など基本的なマナーができていない場合も同様です。言動や身なりから、直感的に「おやっ」と思ったら、別の会社・担当に変えることをおすすめします。

2つ目は、よいことばかりを伝えてくる場合です。基本的にどのような物件にもデメリットがあり、住む人のことを考えている不動産屋はデメリットも率直に伝えてくれます。一方、デメリットを伝えないというのは、とにかく早く契約したい、お客さんに興味がなく、お金のみ見ているという場合があります。

3つ目は、質問をしたときの返答が遅い場合です。このような不動産屋の場合、トラブルがあったときの対応も遅いことが予想されます。

たとえばガスのように生活に欠かせない設備に故障が起きたとき、対応が遅いと非常にストレスになります。可能な限り、対応のいい不動産屋で契約してください。

4つ目は賃貸物件の話になりますが、「おとり物件」の有無です。おとり物件とは、問い合わせをさせるために載せている物件で、問い合わせたときに「すみません、もう決まっているんですよ。その代わりに……」と、実際には紹介できない物件が多いのです（故意でない場合もあります）。

ネット上の物件情報は「お客さんから申し込みがあってから7日間で消せばいい」というルールがあるため、申込みが入っても期限ギリギリまで掲載しているケースがあります。中には家賃をわざと安く掲載するといった意図的なおとりも稀にありますので、このような不動産屋はまずNGです。

5つ目は、内見のときに「預り金」を求める業者です。これはもはや違反を通り越して詐欺行為なのですが、「そういうものか」と従ってしまう人もいるので注意してください。売買では手付け金がありますが、賃貸にはないので、言われたら断りましょう。

最後のポイントとしては、気になったことは何でも聞くようにしてください。

たとえば、「更新料が1ヶ月ではなく1・5ヶ月以上」、「更新手数料が高い」「礼金はないが、保証金があり、全額償却（実質礼金と同じ）」「解約予告が1ヶ月まではなく2ヶ月前」「新築なのに鍵交換代がある」「消火器・除菌消臭代が必須」など、**通常と違う条件がある場合には、その意図を質問するなど、契約前にクリアにしておきましょう。**

現実的に交渉したからといって条件がよくなることは少ないかもしれませんが、それでも契約したいと思える物件や不動産を粘り強く探すのも1つの手です。

まとめ

不動産屋を選ぶときには

清潔・丁寧・親切で、疑問にすぐ答えてくれる業者を選ぶ

家・土地選びのリテラシー

38 賃貸物件を探すときは「相場より安い物件はない」と考える

物件を探すとき、不動産ポータルサイトで探す人が多いと思います。ここでは、ネットで物件を見るときのポイントを３つ紹介しましょう。

〈ネットで物件を調べるときのポイント〉

１　変な間取りは避ける
２　相場に比べてあまりにも安い物件・お得な物件は「おとり」の可能性あり
３　部屋からの景色が載っていない物件は注意

大きくこのような視点に注意してみてください。間取りについては175ページでも紹介したように、実用性を考えてもおすすめできないので、最初から対象外でもいいくらいです。

2つ目ですが、部屋が広く築浅など、条件がいいのに相場より安い物件は、おとり物件の可能性が高いです。申込みが入っていても載っている可能性があります。

昔は物件のオーナーさんが周辺の相場がわからずに値付けすることもあったので「お宝物件」がありましたが、今はそのような物件はほとんどありません。「相場通り」と考えてください。変に安いものは、必ず怪しいのです。

3つ目は、部屋からの景色が載っていない物件です。景色がよければ当然写真に載せるはずで、載せないのには、窓があっても隣の建物でふさがっている、墓地が隣にあるなど、載せたくない理由があると考えられます。

このようなポイントと、物件に望む優先順位とをかけ合わせていくと絞り込みがラクになってくるでしょう。

まとめ

ネットで部屋探しをするときは

「間取り」と「安すぎ物件」で足切りし、その上で内見をする

家・土地選びのリテラシー

39 マンションを買うなら、管理がいい、駅近、いい学校の近く

マンションを購入するなら、売ることを前提にとよく言われます。これはもっともな話で、生活スタイルが変わったときに住み替えられるように、あとで「売れる」「貸せる」マンションを購入しておくのに越したことはありません。

では、具体的に「売れるマンション」とはどのようなものなのでしょうか？

もっとも重要なのは立地です。駅に近いことはもちろん、もう１つ「学校の近く」という視点も考慮するといいでしょう。特にその土地で「評判のいい学校」の近くが狙い目です。子どもをその学校に入れるために学区内の物件を買うという需要は根強いからです。

このような視点ともう１つ、長く住むことを考えたときにぜひ加えてもらいたい要素があります。

不動産業界では、「マンションは管理で買え」と言われることがあります。これはつま

り、管理がよく行き届いているところを選んだほうがいい、という意味です。

管理の良し悪しには、マンション自体の資金計画がしっかりしていることが重要であり、注目してほしいのが管理費と修繕積立金です。

修繕積立金とは、日々のマンション管理や10数年に一度行う大規模な修繕のための積立金のことですが、近年、修繕積立金の予測が甘いマンションが増えています。

特に、売ることを優先して最初の価格を低く設定している新築マンションが見られるのですが、こうしたマンションでは、すべての部屋・駐車場・駐輪場などが埋まっていることを前提に管理費を考えている場合があります。あらゆる条件が完璧にそろってやっとトントン、というような設定です。

しかし、実際には駐車場がガラガラだったり、管理費や積立金の滞納が発生したりすることもあります。また、大規模修繕の工事費も年々値上がり傾向にあるのです。

このような状況が重なり、お金の足りないマンションが増えています。

では、足りなくなった分はどうなるかというと、しわ寄せは住人にやってくるのです。

毎月2万円だった管理費や修繕積立金がいきなり1・5倍や2倍になったり、修繕のために追加で突然お金を徴収されたりというケースもあります（値上がりはマンションの理事会で決定されます）。

この問題で危ないと言われているのが、実はタワーマンションです。

タワーマンションの大規模修繕は修繕費用自体が非常に高く、そもそもこれほど大規模の修繕を行える会社が少ないとされています。

タワーマンションといえば「成功者の証」のようなイメージがあり、夜景の美しさも大きな魅力の1つです。

不動産業界の人にも「あえてタワマン」という人もいるでしょうが、「景色は飽きるものだし、あえて住むべき理由はない」と考えている人もいます。

たとえば、高層階ほど太陽で熱くなりやすいので、冷房はかけ続ける必要があります。また、強風や地震による揺れ、エレベーターの混雑など生活上のデメリットもあり、エレベーターが停電で止まったときには階段で移動しないとならないなどの問題もあります。

どんな業界でもそうですが、「イメージがいい演出をしている」のは、そのためにプラスの費用（設備費・広告費）をかけているということでもあります。修繕ができなければそのイメージが損なわれ、資産価値が下がる可能性もあるでしょう。

一方で、一見地味であっても管理が行き届き、資金計画がしっかりしているマンションも多々あるのです。

購入を検討しているときは、**必ず管理費・修繕積立金の計画について確認し、どのような想定で資金を確保するのか営業担当に聞くようにしてください。**

近年、マンションの空室率は増えており、「最悪売れる」といっても実際に買い手がつくかはわかりません。売れても結果的にマイナスになることもあるので、やはり最初の段階でしっかり確認することが大切です。

まとめ

マンションを購入するときは

立地だけでなく管理の良し悪しも重要。

管理費・修繕積立金の計画は要チェック

家・土地選びのリテラシー

40 新築戸建てをつくるときには、最初の予算から1000万円くらい高くなると考えておく

コロナ以降、都市部から移住する需要が増え、郊外や地方に戸建てを建てる人も増えています。戸建てにも、中古、建売、注文住宅など種類がありますが、ここではそれぞれを検討する上で知っておいたほうがいいことを紹介しましょう。

〈中古物件の場合〉

中古の戸建てを買う場合には、前出の「家に欠けがないか」「周辺環境のチェックポイント」などを参考にしていただきながら、想定するライフスタイルに合ったものを選んでいくのが基本になります。

狙い目として、「借地権《しゃくちけん》」の物件を選ぶのも手です。これは土地を買うのではなく、地主さんに土地代を月々いくらか払っていくもので、「30年間毎月２万円」のように決まっ

ています。土地の固定資産税がかからない、土地を購入するより割安で家を買うことができる、などのメリットがあります。

〈新築戸建ての場合〉

新築戸建てには大きく、ほぼ仕様が決まっている「建売《たてうり》」と、自分で設計段階からかかわる「注文住宅」があります。

建売のいいところは、完成形が見え、予算にもぶれがないところです。考えることが少なくてラクなのですが、一方で「おもしろみに欠ける」と感じる人もいるでしょう。

一方、注文住宅は自由度が高いのが魅力ですが、「最初の予算より高くなる」ことがあります。大手ハウスメーカーの場合、キッチンやトイレ、窓などは「標準仕様」で金額が出されており、標準と違うものにした場合、1つの設備につき数十万円ほど上がってしまいます。

理想の家を追求していくと、数百万〜1000万円以上高くなることもあり、壁の色、材質など一つひとつを細かく見なければいけないなど、手間も非常にかかるものです。

予算をおさえる方法としては、最初から完璧な状態を目指すのではなく、「育てる」つもりで徐々に改良していくことです。特に庭（外構）などはこの考え方をおすすめします。戸建てはリフォームも必要になってくるので、じっくり付き合うことを前提に考えていけるといいでしょう。

その他、新築戸建てを買うときの注意点として「どこにオーダーするか」という問題もあります。「安さ」をウリにしているハウスメーカーで家を建てたら、1ヶ月で水道管が破裂したというケースもあります。大事故につながる可能性もあり、安かろう悪かろうは実際にある話なのです。

一方、実績のある大手ハウスメーカーの場合には耐震構造もしっかりしています。デメリットとしては、坪単価がやや割高であることや「見た目が代わり映えしない」と言う人もいます。

もう1つは、独立系の建築事務所に設計をお願いするケースで、個性的な家を建てたい場合には選択肢として考えられます。

デメリットとしては、「デザイン優先」になることもあり、たしかにおしゃれなのですが、住んでみると不便で結局手放すことになったというケースもあります。

また、一般的なハウスメーカーと違って外壁が壊れたときなどのアフターケアがない場合もあり、メンテナンスに手間がかかるかもしれません。
家のコンセプトを明確にして、大手と比べて何が欠けているのかなどを事前にきちんと話し合うことが重要です。

まとめ

戸建てを購入するときは
理想、予算、購入後の計画をかけ合わせ、選択肢を絞っていく

家・土地選びのリテラシー

41 住みたい街ランキングと「実際の住みやすさ」は違うことも多い

前述したように、移住や郊外への引っ越しを選ぶ人は増えています。転勤なども含め、住む場所はどのように選べばいいでしょうか？

「住みたい街ランキング」などで人気の高いエリアに住みたいと考える人も多いのですが、不動産屋としては、このようなランキングからエリアを絞るのは基本的におすすめできません。

というのも、「住みたい街ランキング」などは基本的にブランドイメージのランキングになっています。「実際に住みやすいかどうか」は関係ないことが多いのです。

エリア選びでもっとも重要なのは、住みやすさ、つまり「生活の便利さ」です。自分の生活スタイルと当てはめたとき、いかに不便な要素のない場所を選ぶかが重要になってきます。

では、どんな目線でエリアを見ればいいのか？　全部で9つのポイントを挙げてみましょう。

〈住みやすさにつながるチェックポイント〉

1　職場まで乗り換え1回であること
2　駅前がきれいか、どんな住民が利用しているか
3　お客様を呼ぶのに遠すぎないか、駅名がマイナーでないか
4　ハザードマップで被害予想のないエリアであるか
5　土地の近隣の住民はどんな人たちか
6　メインで買い物するスーパーの雰囲気・品揃えはどうか
7　移住者の多いエリアか、そうでないか
8　ゴミ捨ての場所やルール、自治会への加入義務と年会費
9　遠くへ移住する場合、もっとも過酷な冬や夏の暮らしを理解しているか

このようなチェックポイントがあります。

まず1つ目は、都市部に住むという場合、基本的に「乗り換え1回まで」を推奨します。乗り換えが多かったり、移動時間が1時間以上かかったりするのは大きなストレスになり、体力も消耗します。

2つ目は、駅前の雰囲気や地元の住民の雰囲気で、駅が汚い、雑然としているなど、いいイメージがしない場合は避けるのが無難です。

3つ目は、特にお客様が来店する形で商売をしている人に注意してほしいことで、最寄り駅が郊外のマニアックな路線にある、人に知られていない駅、駅から距離がある、といった場合にはお客様が離れていくこともあります。商売をする上では、駅名や地名は大事なのです。

4つ目は災害に関するところで、昔からさんずいのつく漢字（河・池・沼・沢など）や水に関する地名（川、海、津など）は水害の危険があると言われます。対象地域のハザードマップなどをぜひ確認してもらって、地盤の状態、川の氾濫、土砂崩れの可能性については検討しておいてください（災害については第9章で紹介しています）。

5つ目は、土地周辺の住民の人たちがどんな人か。年齢や家族構成、職業、また地元にずっといる人なのかそうでないかなど、わかるようであれば不動産屋やネットで確認してみてください。

6つ目は、スーパーや薬局など日用品を買う場所の距離、お店の雰囲気、品揃えや値段などの確認です。毎日のことですし、ネットスーパーの対応をしていない地域もあるので、一度は実際に訪れてみることをおすすめします。

7つ目からは特に移住を考えている人に考慮してほしいことで、住んだことのない地域では、どんな習慣やルールがあるかわかりません。より安全な移住をするのであれば、同じ移住者の多いエリアをまずは調べ、話を聞いてみるといいでしょう。

8つ目は、生活に欠かせないゴミ捨てです。マンションでは敷地内で24時間いつでも出せることも多いですが、地方や戸建てではゴミを捨てる場所・出す日が決まっており、朝何時まで、とルール化されている場合がほとんどです。ゴミ捨て場が家から遠いのは非常にストレスになります。

また、自治会への加入が義務になっている場合があり、自治会費・入会金が発生します。行事への参加が必須、自治会の年会費が高額など、あとで知って驚くようなこともあるので、必ず最初に調べておくようにしてください。

最後に9つ目は、まったく土地勘のない場所に移住するというとき、冬や夏などの一番過酷な環境を知っておいてほしいところです。その土地独特の生活習慣は、ネットなどに載らないことも多く、生活しないとわからないこともあります。家や土地を契約したあとではどうにもならないので、可能であれば賃貸で1～2年その地域の生活を経験しながら土地探しをするとギャップが生まれにくいでしょう。

以上のような視点で住む場所を探していくと、理想的な環境にたどり着きやすいはずです。

まとめ

生活エリアを選ぶときは

住みやすさを重視。通勤の動線、駅や生活の環境などから絞っていく

42 山付きの土地、家に手を出してはいけない

キャンプブームも手伝って、山付きの土地や不動産に興味を持つ人が増えています。広大な敷地にもかかわらず、10万円もしないような山も多々あり、買おうと思えば誰でも買えてしまうのです。

しかし、不動産を知っている人ならば、山にはまず手を出しません。というのも、山は管理が非常に大変で、毎日のように手入れが必要になります。竹などは一瞬で次々と生えてきますから、タケノコがいつでも食べられると喜んでもいられないのです。

そもそも山というのは、きちんと手入れをしていかないと大きな木が育たず、山自体がダメになってしまいます。この管理を業者の人や山師に依頼すれば、毎年何十万円というコストがかかりますし、金額的に高くはないものの固定資産税も発生します。

自然に囲まれ、いつでもキャンプができる環境は憧れるかもしれませんが、ぜひそのよ

うな現実があるということは知っておいてほしいところです。だからこそ買い手がつかず、売るにも売れず困っているオーナーさんがたくさんいるのです。

同じことは庭にも言えて、**広い庭ほど管理は大変になります。**外構でフェンスをつければ数十万~100万円はかかりますし、虫や雑草との格闘、定期的なメンテナンスの問題などが出てくるでしょう。

特にIターン《アイ》のように都会から地方に移住する場合、大自然のある環境を望むことが多いと思いますが、都会生活に慣れている人ほど、管理の大変さに驚いてしまうでしょう。会社員をしながら管理をするのは難しい可能性もあります。そのような事情から、地方に住む人は、庭はあえてメンテナンスの簡単なものにしているケースも多いのです。

広い場所は、相応の維持費もメンテナンスにかける時間も、労力も必要になるということを前提に土地選びを考えてみてください。

まとめ

山付きの土地や家に安易に手を出すべきでない理由

管理が大変で、労力もコストもかかるため。広いからいいわけではない

43 最低月1で通えないならばセカンドハウスや別荘は持たないほうがいい

都心部に住む人が「セカンドハウス」や「別荘」を求めるケースが増えてきています。都会と地方の二重生活に憧れる人も少なくないでしょう。

セカンドハウスという選択肢は、ありなのでしょうか、なしなのでしょうか？

比べる指標として考えてほしいのは、「その地域にあるホテルや旅館に遊びに行くのではダメなのか？」ということです。

というのも、セカンドハウスや別荘として売られている物件は基本的に中古です。築年数の古い物件もたくさんあります。

ポイントは、そうした物件は傷みやすいということです。山に近い物件や避暑地だと壁にカビが生えていたり、床などが腐っていたりすることもあり、物件の中・敷地内にヘビやムカデ、巨大なクモなども見かけます。

このように傷みがひどいのは人が住んでいないからで、換気をできないことで空気がよどみ、ほこりなどもすぐにたまってしまいます。

他にも、別荘地として人気の海沿いの町には塩害があり、生活してみると塩害のすごさがわかります。たとえば木のバルコニーはすぐにダメになりますし、通常であればせいぜい10数年に1回買い換える程度でいいはずの給湯器も4年で買い換えることになったというケースもあります。このような出費が増えるのです。

温泉付きの物件も、温泉権利金や月々の使用料を考えると自分で温泉に入りにいったほうが安い、というケースのほうが多いでしょう。

セカンドハウスを考える場合は、そのような現実をふまえた上で、それでも買いたいか、買ったあとの管理ができるかを考えることをおすすめします。

具体的には、**最低月に1回は訪れることができ、換気や掃除を行えること**。これができるかどうかで「物件の持ち」も変わってきます。

業者にお願いするという方法もありますが、そんなにコストはかけられない、そんな頻度で行けないという場合には、セカンドハウスに使うことになる数千万円の予算をホテル代、レジャー代に使うという選択肢を持ってもいいでしょう。

ただ、犬を飼っている人などにはセカンドハウス・別荘はおすすめです。時間を気にせず遊ばせられますし、自然の多い環境ではペットも喜ぶことでしょう。
いずれにせよ、現実的で慎重な目も持ち、家族などとよく相談して購入することをおすすめします。

まとめ

セカンドハウス、別荘に月1で通う必要がある理由

掃除、換気しない家はすぐに傷むため。理想の裏にある現実もしっかり見る

家・土地選びのリテラシー

44 住み方を「損得」中心に考えても正解はないので、最終的には好き嫌いでいい

賃貸か、持ち家か、マンションか、一軒家かお得なのは果たして……。このような議論は何十年もされていて、人により意見も様々です。得かどうかという視点が難しいのは、家にまつわるトータルコストは読めない部分も大きいからです。

「2020年大暴落」など、不動産業界には様々な説が定期的に流れるのですが、これまで、そのすべてが見事に外れています。「もう下がるだろう」と言われ続けているにもかかわらず、不動産価格はゆるやかに右肩上がりを続けています。

これはつまり、どんな不動産のプロであっても、先のことはよくわかっていないということです。トータルコスト自体は賃貸だろうが購入だろうが、基本的には「結局、どれを選んでもトントン」で落ち着くと考えるくらいでいいでしょう。

戸建てではリフォームが必要になりますし、マンションも修繕や管理費が必要です。賃

貸物件も更新料や引っ越し代がかかります。

何より、仕事、ご近所トラブルや家庭の事情などでどうしても家を手放さなくてはならなくなった、というケースもよくあります。加えて、災害、疫病、経済状況など、まさかということはいつでも起きうるのです。予期せぬコストが発生する可能性はあります。

その点、先行きが不透明ということで考えると、無難なのは賃貸です。「すぐに住み替えができる」という点が強く、災害やライフスタイルの変化にも対応できます。

ただし、賃貸は新しく契約するときに安定収入がないと審査に通らないという問題もあります。仕事内容の変化や高齢になったときのことを考えると厳しい面もあります。

このようなメリット・デメリットはどの選択肢にしても必ず存在します。単純なお金の損得ではなく、**今、そして将来的にどんな生活スタイルを望むか、個人的な好き嫌いなどを軸に選んだほうが最終的な満足度は高くなる**はずです。

ペットと住む予定ならば自然や庭のある一軒家のほうが楽しいことも多いでしょうし、合理性を重視するなら売ることを前提に人気エリアの駅近マンションを買う、という選択もいいでしょう。

何よりも、このような時代でもっとも重要なのは、1つの形態で住み続けることを前提

■持ち家でも賃貸でも、メリット・デメリットは常にある

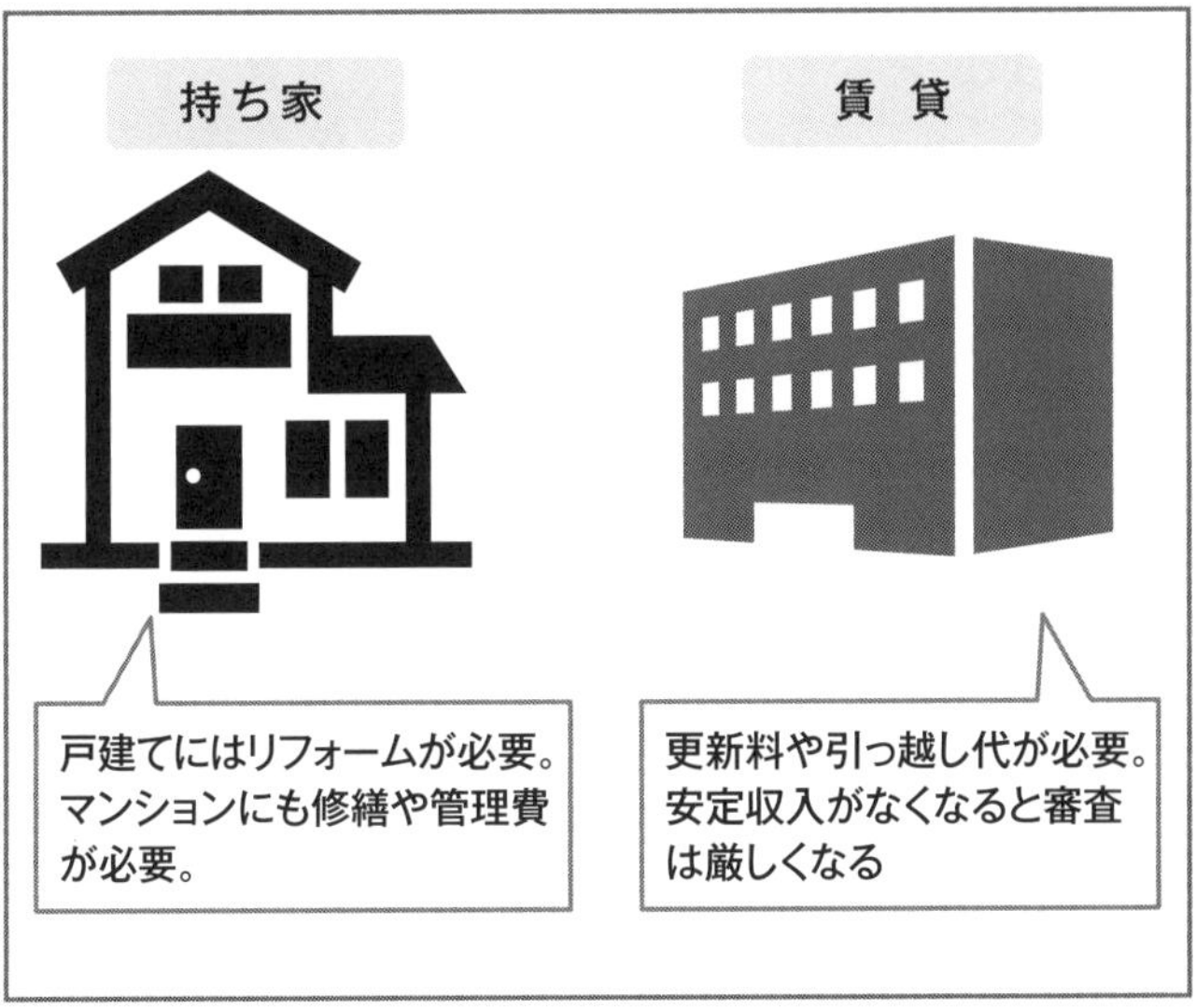
持ち家
賃貸
戸建てにはリフォームが必要。マンションにも修繕や管理費が必要。
更新料や引っ越し代が必要。安定収入がなくなると審査は厳しくなる

とするのではなく、「何かあったらしょうがない」と心積もりをしておき、「最悪こうする」という保険としての選択肢を持っておくことです。

なお、購入のときに住宅ローンを利用するという場合、固定か変動かという議論がありますが、基本的には現時点（2021年5月現在）では「固定金利」をおすすめします。

これ以上ないというくらい低金利の状況が続いていますし、「将来何が起きるかわからない」という意味では、変動金利で組んでいる人も固定金利に切り替えていくほうがいいと考えられます。

このあたりは、第1章で紹介している「金利」のリテラシーも参考に、情勢の変化を見守っていきましょう。

まとめ

住み方を損得で考えなくていい理由

予想外のコストが発生する可能性は常にあるため。1つの生活スタイルにこだわらない考え方も重要

第５章

法律

トラブル対処のリテラシー

監修 堀田秀吾
（明治大学法学部教授）

LITERACY
ENCYCLOPEDIA

第5章

法律

PROFILE

「法律」監修

堀田秀吾

（ほった・しゅうご）

明治大学法学部教授 シカゴ大学言語学部博士課程修了。ヨーク大学オズグッドホール・ロースクール修士課程修了。専門は、法言語学、司法コミュニケーション。言葉とコミュニケーションをテーマに、言語学、法学、社会心理学、脳科学などの様々な分野を融合した研究を展開している。著書に、『裁判とことばのチカラ』（ひつじ書房）『法コンテキストの言語理論』（ひつじ書房）『Law in Japan, Law in the World』（共著、朝日出版社）等多数。

トラブル対処のリテラシー

45 トラブルのすべてを弁護士に頼めばいいわけではない

この第5章では、法律についてのリテラシーを紹介していきましょう。

日常には様々な予期せぬトラブルが起きます。職場でのトラブル、家族とのトラブル、近隣の住人とのトラブル、自動車での事故、冤罪事件などなど……。

そんなとき、「まずは弁護士に相談しよう」と考えるかもしれません。これは、半分正解で半分不正解だと言えます。というのも、弁護士に頼んだほうがいいケース、頼まなくてもいいケースが存在するからです。

そもそも弁護士とはどんな職業かというと、あらゆる種類の法律事務を扱い、裁判所や行政機関のすべての手続きを「代理人」として行うことができます。これは弁護士だけに認められた業務で、弁護士以外の人がこれらを報酬目的で行った場合は非弁行為として違法になります。

ただし、すべての分野での手続きが弁護士にしかできないわけではありません。

公正証書や遺言状などの作成などは司法書士や行政書士にお願いできますし、知的財産の分野でのトラブルは弁理士にお願いすることができます。

〈弁護士以外にお願いできる士業の仕事の例〉

司法書士・・・登記や供託手続きの代理、裁判所・検察庁・法務局へ提出する書類作成などを行う他、簡易裁判所で１４０万円以下の訴訟代理も行える。相続や遺言などについて相談ができる

行政書士・・・行政手続きに関する法律の専門家。官公署に提出する書類の作成、権利事務や事実証明に関する書類の作成などを行う。会計業務や相続などについて相談できる

弁理士・・・知的財産に関する専門家。特許、意匠、商標などを特許庁に出願する手続きを代理する他、一定の範囲で訴訟代理も行える。知的財産の問題について相談できる

このように、一般的な仕事や日常の範囲内のトラブルであれば弁護士以外にお願いできることもありますし、もっと言えば、**離婚やご近所トラブル、相続なども話し合いによる**

問題解決をしていく場合には法律の専門家すら必要ないこともあります。

あとで紹介しますが、相続などの問題は事前にきちんと整理をしておけば、わざわざ弁護士に頼らないでも済ませることができます。

では、弁護士に頼むべきなのはどんなときでしょうか？

大きく3つあり、まずは訴訟がからんでくるときです。**特に問題が複雑な訴訟・訴訟になりそうな問題については弁護士に相談することをおすすめします。**

2つ目は、訴訟を起こされて相手が弁護士を立ててきた場合には、こちらも弁護士を立てたほうがよいでしょう。

3つ目は、予期せぬトラブル・事故のときです。自動車事故や痴漢の冤罪事件に巻き込まれたときなど、弁護士がいたほうが有利になる場面ではお願いしてください。

弁護士費用については、相談だけなら無料の場合もありますが、正式にお願いすれば着手金や実費、成功報酬などの費用がかかります。お願いしたときにトータルでいくらになるのか最初に確認しておきましょう。

費用と労力とを天秤にかけながら、本当に弁護士に頼むべき問題なのか、あるいは司法書士や行政書士にお願いできることなのか、自分たちで処理できる問題なのか検討してみてください。

まとめ

弁護士に依頼すべき3つのケース

①問題が複雑なとき、②相手が弁護士を立ててきたとき、③自動車事故や冤罪事件に巻き込まれたとき

トラブル対処のリテラシー

46 民事裁判は起こさないほうがいい

何かトラブルがあって当事者たちでは解決できないとき、「訴えてやる！」と裁判を起こすイメージがあるかと思います。

民事裁判は正式には「民事訴訟」と言いますが、刑事訴訟と違って誰でも起こすことができます（刑事訴訟は原則として検察だけが起こすことができる訴訟です）。

民事訴訟は、話し合いでは解決できなかった問題でも裁判所の判断で決着をつけることができるのが利点です。裁判所が下した判決には強制力があるため、相手が判決に従わない場合は強制執行で差し押さえなどが行われます。「どちらが悪かったか」を白黒はっきりさせることができるのがメリットだと言えるでしょう。

しかしながら、**民事訴訟による解決は、よほど込み入った問題でない限りはおすすめできない方法です。**

というのも、民事訴訟には時間もお金も、何より心身に負担がかかります。

どれくらい時間がかかるかというと、平均して約9ヶ月です。問題の種類によっては半年で終えるものもあれば、2年以上の長期間にわたるものもあります。その間、ずっと訴訟のことが頭から離れないでしょうし、精神的ストレスもかなりなものです。

また、お金については大きく訴訟費用と弁護士費用があります。

訴訟費用は裁判所手数料や郵便料で、裁判所手数料は訴えで求める金額によって異なり、数千円で済むこともあれば数十万円、数百万円かかることもあります。

弁護士費用はピンキリで、着手金、報酬金、実費・日当、手数料、法律相談料などがあります。事件の内容（争いの有無や難易度の違いなど）によって変わりますので、弁護士費用が総額でどの程度必要になるか確認しておきたいところです。特に少額をめぐっての訴訟の場合、勝ったとしてもかけた費用のほうが大きくなるケースがあります。

心に留めておいてもらいたいのは、一般的に相手を訴えるときというのは、気持ちの問題がほとんどだということです。

瞬間的な怒りによって訴えを起こしたのはいいのですが、**拘束時間やかさんでいく訴訟費用に耐えられず、そのほとんどは「和解」、すなわち「示談」で解決されていきます。**

サンクチュアリ出版＝本を読まない人のための出版社

はじめまして。サンクチュアリ出版・広報部の岩田梨恵子と申します。
この度は数ある本の中から、私たちの本をお手に取ってくださり、
ありがとうございます。…って言われても「本を読まない人のための
出版社って何ソレ??」と思った方もいらっしゃいますよね。
なので、今から少しだけ自己紹介させてください。

ふつう、本を買う時に、出版社の名前を見て決めることって
ありませんよね。でも、私たちは、「サンクチュアリ出版の本だから
買いたい」と思ってもらえるような本を作りたいと思っています。
そのために"1冊1冊丁寧に作って、丁寧に届ける"をモットーに
1冊の本を半年から1年ほどかけて作り、少しでもみなさまの目に
触れるように工夫を重ねています。

そうして出来上がった本には、著者さんだけではなく、編集者や
営業マン、デザイナーさん、カメラマンさん、イラストレーターさん、書店さんなど
いろんな人たちの思いが込められています。そしてその思いが、
時に「人生を変えてしまうほどのすごい衝撃」を読む人に
与えることがあります。

だから、ふだんはあまり本を読まない
人にも、読む楽しさを忘れちゃった人たち
にも、もう1度「やっぱり本っていいよね」
って思い出してもらいたい。誰かにとって
の「宝物」になるような本を、これからも
作り続けていきたいなって思っています。

クラブS

会員さまのお声

読みやすい本ばかりでどの本も面白いです。

会費に対して、とてもお得感があります。

電子書籍読み放題と、新刊以外にも交換できるのがいいです。

サイン本もあり、本を普通に購入するよりお得です。

来たり来なかったりで気長に付き合う感じが私にはちょうどよいです。ポストに本が入っているとワクワクします。

自分では買わないであろう本を読んで新たな発見に出会えました。

オンラインセミナーに参加して、新しい良い習慣が増えました。

何が届くかわからないわくわく感。まだハズレがない。

本も期待通り面白く、興味深いものと出会えるし、本が届かなくても、クラブS通信を読んでいると楽しい気分になります。

読書がより好きになりました。普段購入しないジャンルの書籍でも届いて読むことで興味の幅が広がりました。

自分の心を切り開く本に出会いました。悩みの種が尽きなかったのに、そうだったのか!!!ってほとんど悩みの種はなくなりました。

実は、司法統計によると民事訴訟のうち判決にまで至るのは約4割しかありません。つまり、多くの場合は、話し合いで落としどころを見つけ、示談金などを支払って解決しようということになるのです。

ですから、まずは話し合いや交渉による解決を第一に考え、それでも訴えるべき理由があるのなら訴訟を起こすという「次善の策」として考えることをおすすめします。

なお、訴訟によらない方法としてあるのが「あっせん・仲裁」です。仲裁人に資格は必要ないので、弁護士だけでなく、行政書士や様々な職業の人が同席しながら、当事者同士による話し合いで解決するものです。**費用が数千円程度で済み、期間も3ヶ月程度で決着します。**

訴訟大国のアメリカでもよく利用されており、「Alternative Dispute Resolution（裁判外紛争解決）」の頭文字をとって「ADR」と呼ばれています。

前述したように訴訟問題は感情の部分が大きいので、「言い分をよく聞いてくれる人がいる」というだけで気持ちが落ち着き、冷静に解決に向かって話し合いができることも多いのです。

何がベストな方法なのかは相手や訴訟の内容にもよりますので、どんな選択肢があり、どんな方法がよいのか、まずは弁護士に相談するといいでしょう。

経済的に余裕がない方には、相談料を取らない弁護士事務所などもありますし、各都道府県に収入・資産などが一定以下の方を対象に、無料の法律相談を実施している「法テラス」という機関もあります。

ちなみにですが、日本では民事訴訟で代理人を立てなくてもいいことになっています。ですから、代理人を立てない「本人訴訟」として第1審から最終審まで行うことができるのです。少額をめぐる問題などであれば、あえて弁護士にお願いをしない人もいます。

ただ、初めて行うと書類不備が多いなど裁判所に敬遠されるケースもありますので、現実的には訴訟のときには弁護士にお願いするのが無難でしょう。

まとめ

民事訴訟をなるべく起こさないほうがいい理由

時間、お金、精神的な負担も大きい上、結局「示談」で落ち着くことが多いため

トラブル対処のリテラシー

47 身内や関係の近い弁護士に頼めばいいわけではない

「知り合いに弁護士がいる」とは、昔よく脅し文句として使われたフレーズです。

実際問題、身内や知り合いに弁護士がいるとトラブルのときに話も早く、心情的にも安心です。

しかし、これには一長一短があり、必ずしも関係の近い弁護士が正解というわけではありません。正解でないパターンは大きく2つあります。

1つ目はプライバシーの問題です。法律相談では、他の人には話しにくい赤裸々なことまで立ち入って話をする必要があります。

弁護士には守秘義務があり、仕事で知った秘密は生涯他人に漏らしてはならないルールがあります。そのため、身内や近しい関係であっても、それが外に漏れる心配をする必要はありません。

ただ、そうは言っても心情として「関係が近いからこそ話しにくい・話したくない」話題だという場合には、別の弁護士に相談することをおすすめします。

また、何より重要なのが2つ目の理由で、弁護士にはそれぞれ「得意・不得意」の分野があるということです。

一口に法律と言っても、民事と刑事ではまったく領域が異なります。刑事の中でも「女性被害に強い」「交通事故に強い」という分野の違いがありますし、民事でも同様に「調停に強い」「離婚訴訟に強い」「会社法に強い」など、弁護士によって強みを持っている分野は違うのです。

たとえば大手の法律事務所では役割が分担されており、裁判は訴訟部に所属する弁護士が行うことが一般的です。そのため、同じ事務所の中にいても法廷に出た経験が数回もない、という弁護士もいます。

料理人にたとえるとわかりやすいですが、フレンチ、イタリアン、中華、和食では分野が違いますし、和食の中でも寿司、そば、天ぷらなど専門は異なります。また、個人店か大手のチェーン店かでも大きく性質の違いがあるのはわかると思います。

弁護士でもそれは同じなのです。法律は社会全般にかかわっており、非常に範囲の広いものなので、個人ですべてカバーすることはできません。弁護士とはいえ、まったく経験のない分野では司法試験のときに勉強した程度の知識しかない場合もあるでしょう。

そう考えると、より的確なアドバイスを受けたいのであれば専門性の強い弁護士に相談することをおすすめします。

探し方は、**弁護士事務所のホームページを検索し、「主に扱う案件」「力を入れている分野」などと書かれた欄を見てみてください。**

身近に弁護士がいる場合は、まずは相談してみて、他の適した弁護士を紹介してもらえる場合もあります。

何より、かかりつけ医師のように「かかりつけ弁護士」がいたほうが安心な場合も多いので、自分の地域の弁護士を今から探しておくことをおすすめします。

まとめ

身近な弁護士がベストだとは限らない理由

弁護士にも得意・不得意があるため。
問題に対して強い弁護士を選ぶのがベター

48 「絶対勝てます」という弁護士は信用できない

弁護士に依頼するときは、弁護士の強みによって選ぶといいと伝えましたが、他にはどのような要素があるのでしょうか？　ここでは、信用して任せることができる弁護士と、そうでない弁護士の見分け方を紹介しましょう。

まずは、信用できない弁護士についてです。

〈信用できない弁護士の特徴〉

1　「絶対勝てます」と断言する弁護士、弁護士事務所

2　話を聞かず、自分の意見しか言わない弁護士

3　面倒くさそうに対応する弁護士

まず避けてほしいのは「絶対勝てます」と言い切る弁護士、またそれを標榜するような弁護士事務所です。

というのも、**法律というのは世間で考えられている以上にあいまいなものなのです。常に解釈の余地があり、１００％白黒はっきりしているケースはほぼありません。**

たとえば法律問題を扱うテレビ番組で、同じケースでも弁護士の見解が割れているのを観たことがないでしょうか。これは実際によく起きることで、弁護士によって視点や解釈が違うからです。

「同じ案件は1つもない」と言われるほど法律問題は多種多様であり、どんな専門家でも１００％勝つことはできません。基本的には正解のない世界なのです。優秀な弁護士ほどこのことを知っているので、「絶対勝てる」とはまず言いません。

また2つ目ですが、一方的に「こうすべきだ」と自分の意見を伝えるだけで話を聞こうとしない弁護士もおすすめできません。

コミュニケーションがうまくとれない、上から目線を感じる、信頼関係が築けなさそうだと感じたら、その時点でNGだと考えてください。

３つ目も同様で、対応が遅い、しぶしぶやっているという態度がある場合には、別の弁護士、弁護士事務所にお願いするのがおすすめです。

では一方、信頼できる弁護士とは、どんな弁護士でしょうか。

1つは、前述したように、「その分野に強い弁護士」です。得意な分野はホームページから判断できると思いますので、参照してください。

もう1つは、こちらの要望に対し、**できないことははっきり「できない」と言ってくれる場合は正直で信頼できる**と考えていいでしょう。このような弁護士であれば、より適切な弁護士を紹介してくれるかもしれません。

なお、無料相談を受け付ける弁護士事務所も増えていますが、中には無料相談をおとりにして、なしくずし的に仕事を得ようとするケースも、なくはありません。

ホームページなどをしっかりと見て、ページのデザインや文章の内容などから「怪しい感じがしないか」を判断してください。発言が過激、危機感や不安を煽《あお》るなど、弱みにつけこむような表現があれば避けたほうがいいでしょう。

実際会ってみて誘導されそうになったときは、きっぱりと「またお願いするときに連絡をさせてください」と伝えましょう。

医師の診断でセカンドオピニオンを求めるように、法律の問題でもセカンドオピニオンは重要です。
何かしっくりこないという場合には、別の弁護士事務所も訪れてみてください。危ない事務所を回避するという意味では、「法テラス」の利用をあわせて検討してみてもいいでしょう。

まとめ

「絶対勝てる」と言う弁護士が信頼できない理由

法律は白黒ハッキリつかないことが多いため。正直な弁護士にお願いしたほうがいい

49 契約書は絶対ではない。そもそも法律違反の契約は無効になる

法律問題になりやすいものの1つが、契約についてです。

そもそも、契約というのは口頭で成立します。「申し込み」と「承諾」で意思確認できたなら、その時点で契約成立であり、実は契約書は必要ないのです。

しかし、口頭だけでの契約ではあとで「言った・言わない」の問題が起きてしまうことが多いので、書面を用意するようになっています。つまり**契約書とは、契約の内容をハッキリさせておいて、争うことになった場合の証拠として備えておくもの**なのです。

契約書とはこのような性格を持っていますから、「相手が言っていたことと果たして同じことが書いてあるか」を確認する必要があります。

その際は、特に次の点について確認してみてください。

■契約書の意味と注意点

契約は口頭で成立するもの。
相手が言ったことと同じことが契約書に書かれているかを確認。

・そもそも、契約が法律に違反していないか
・自分にとって不利になるポイントと、その条件の確認

　まず、意外と知られていないのですが、契約は絶対的なものではありません。契約の内容自体は自由に決めることができますが、その契約の内容が法律に違反する場合には無効になるのです。たとえば最低賃金以下での労働条件や、法定利息を超えた利息の設定などは無効になります。

　また、実際に文面を確認する際は、「どんな場合にペナルティが発生するのか」「事故などが起きたときにどこまで保証されるのか」「お金の支払いの時期」など、自分にとって利益・不利益になる項目は必ず目を通すようにしてください。

とはいえ、契約書の文章は慣れないと独特で読みづらいものです。表現がよくわからない場合には「相手に確認する」のが鉄則です。

その際、「こんな場合はどうなるか？」と、想定できることは質問するようにしましょう。

まとめ

契約書を結ぶときには

相手が言ったことと同じことが書いてあるか確認。

自分の不利益になる項目は要チェック

50 痴漢冤罪にあったら、専門家はこうする

痴漢冤罪は日常で出会う可能性のある問題の１つです。映画『それでもボクはやってない』で描かれていたように、痴漢は刑事事件のため、巻き込まれると社会的にも非常に厳しい状況になることがあります。

いったいどのように冤罪を防衛・回避すればいいのでしょうか？

実は、この問題は専門家の間でも「逃げたほうがいい」「逃げないほうがいい」など意見が真っ二つに分かれる難しい問題でもあります。

ここでは、様々な意見を総合して、「おさえておきたいポイント」を紹介しましょう。

〈痴漢冤罪事件にあったときのポイント〉

１　行動を否定する

2 謝罪はしない
3 無理に逃げない
4 家族に連絡する
5 弁護士に依頼し、接見に来てもらう
6 供述調書にはサインしない

1つ目は、冤罪を指摘されても、その場で「やっていない」とハッキリと否定しましょう。刑事事件になった場合にも、第三者の証言につながるためです。

2つ目は、絶対に謝罪をしないことです。「すみません」と、つい言うのもいけません。罪を認めたこととつながる可能性があります。

3つ目は、無理に逃げないことです。駅長室まで連れて行かれると警察預かりの案件（任意同行）になってしまうので、「相手に名刺を渡して立ち去る」などができればよいのですが、無理をしてはいけません。

理由は3つあり、無理して逃げようとすると身柄を拘束される可能性が高まること。また、心証形成で不利になること。さらに、傷害罪や公務執行妨害など別の犯罪につながるリスクもあります。無理をすれば、その場で緊急逮捕となってしまうのです。

4つ目ですが、駅長室などに連れて行かれた場合には、まず家族に連絡を入れてください。家族がいるのは身柄引受人がいるということになり、逮捕のリスクが下がります。その際、家族から会社へ出社できなくなった旨を伝えてもらいましょう。理由は「体調が悪くなったため」などが無難です。

5つ目は、警察が出てくることになったら、必ず弁護士への依頼をしてください。かかりつけの弁護士がいればベストですが、いない場合はその場で手配しましょう。警察に当番弁護士を呼んでもらうこともできますが、待っている間に取り調べが進んでしまう点には注意してください。

勾留されてしまった場合には、毎日接見してもらえるようにお願いしましょう。アドバイスを受けるためにも、精神的な負担を減らすためにも重要なことです。

6つ目は、取り調べを受けても供述調書にはサインしないことです。供述調書には、警察側の描いたストーリーが書かれており、サインすることはそれを認めたということになります。必ず弁護士と相談し、対応を決めてください。

このように、冤罪事件は巻き込まれると非常に大変なことになります。100%安全な対応策は残念ながら存在しないのですが、罪を認めない、謝らない、そして弁護士を呼ぶ、というところは最低限おさえておいてください。

弁護士を呼ぶと10万円程度はかかってしまいますが、緊急事態の出費としては致し方ないでしょう。こうしたことがあったときのためのかかりつけ弁護士がいると、やはり一番安心です。

まとめ

痴漢冤罪にあったときのポイント

「罪を認めない」「謝らない」「弁護士を呼ぶ」は最低限おさえておく

切手を
お貼り下さい

113-0023

東京都文京区向丘2-14-9

サンクチュアリ出版

『超リテラシー大全』
読者アンケート係

ご住所　〒□□□-□□□□	
TEL※	
メールアドレス※	
お名前	男・女 （　　歳）
ご職業 1 会社員　2 専業主婦　3 パート・アルバイト　4 自営業　5 会社経営　6 学生　7 その他	
ご記入いただいたメールアドレスには弊社より新刊のお知らせやイベント情報などを送らせていただきます。 希望されない方は、こちらにチェックマークを入れてください。	メルマガ不要 □

ご記入いただいた個人情報は、読者プレゼントの発送およびメルマガ配信のみに使用し、その目的以外に使用することはありません。

※プレゼント発送の際に必要になりますので、必ず電話番号およびメールアドレス、両方の記載をお願いします。

弊社HPにレビューを掲載させていただいた方全員にAmazonギフト券（1000円分）をさしあげます。

トラブル対処のリテラシー

51 財産の少ない家でも相続問題は起きる

日常で出合いやすい法律問題のもう1つが、相続に関するものです。財産がたくさんある家だけの話だと考えている人もいるかもしれませんが、実はそうでもありません。

裁判所が出している司法統計年報（令和元年度）によると、全国の家庭裁判所で取り扱われた遺産分割事件の認容・調停成立件数は7224件です。

このうち、遺産の価額が1000万円以下は2448件、5000万円以下は3097件と、5000万円以下での争いが全体の約7割強を占めます。

つまり財産の額には関係なく、どんな家庭にでも起こりうることなのです。

特に問題が発生しやすいのが、不動産が財産として残る場合です。たとえば親が亡くなり、住んでいた家が財産として残ったとします。このとき、何が問題になるでしょうか？

大きく2つの問題があり、1つは、家はお金と違って分割できないことです。またもう

1つは、家を相続したときの相続税は現金で納める必要があり、相続人がその負担をするという点です。

つまり、残った親のお金をどう分配するかではなく、**誰がいくら相続税を支払うのかでもめるケースが多い**のです。このような場合では、兄弟と「共同名義」で家を持ち、家を売ったお金を相続人で分けるという形がよくとられます。

さらに、相続人の関係が複雑な場合も問題になりやすいです。

たとえば、法定相続人の順位で1位になるのは、配偶者と子ですが、「子」にも様々なパターンがあります。死亡時点の配偶者との子だけでなく、前の配偶者との子、認知した子、養子縁組した子、いずれの子も相続人となるのです。

子がいなければ子以外の人が相続しますし、「寄与分」が認められて、法定相続分より多い財産を相続する相続人がいることもありえます。

このようなときにもめごとが起こり、最終的に訴訟沙汰になってしまうのです。

しかし、前述したように訴訟はお金も時間もかかります。そして結局、解決方法は話し合いに落ち着くことがほとんどです。

そのような事態に陥らないためには、あらかじめ遺言を作成しておく必要があります。

遺言は本人が書けば何でもいいというわけではなく、民法で厳格に方式が定められており、方式に従わないものは無効となります。ネットなどで自分で様式を調べて書くことができ、公証役場に持っていけば数千円程度で完成します。

ただ、家族構成が複雑な場合や、財産分与についての知識がないという場合には、司法書士や金融機関とで話して作成するほうが安心でしょう。

それでももめたら、公平な第三者として弁護士に入ってもらうようにしてください。傾向として、弁護士を交えて争えば争うほど「法定相続分」に落ち着いていきます。

ちなみに、**財産の額によって弁護士の報酬は変わってきますが、財産が１億円でも１０００万円でも、実は弁護士の業務内容はそこまで変わりません**。

そのような視点も参考に、可能であれば事前に落としどころを見つけておくことで、コスト面でも気持ちの面でもスッキリとした相続ができるはずです。

まとめ

財産が少ない家で相続問題が起きる理由

不動産が残った場合、相続税の支払いがあるため。事前に遺言書を作成しておくのがベター

トラブル対処のリテラシー

52 自動車保険の弁護士特約は外してはいけない

日常で起きうる法律問題を、最後にもう1つ紹介しておきます。

それは自動車事故です。ぶつけられたなど自動車事故が起きたときには、弁護士を呼ぶことをおすすめします。

特に保険会社と補償金額を争う場合には、弁護士をつけると有利になりやすいのです。

たとえば当初4（相手）：6（自分）と言われていた責任の割合が、弁護士を入れたことで10（相手）：0（自分）になるケースもあります。

この際、わざわざ自分で弁護士を見つけて呼ぶ必要はありません。自動車保険に付帯している弁護士特約をつけておけば、費用をかけずに弁護士についてもらえます。

弁護士特約は保険会社にはメリットがないため、どのように使われるものか説明がない場合もあるかもしれませんが、ぜひ外さずにつけておいてほしいオプションです。年間数千円程度で加入できるので、保険の内容を確認してみてください。

また加えて、近年増加しているのが子ども同士のトラブルが発展して裁判沙汰になるケースです。

たとえば自分の子が相手の子どもをケガさせてしまったとき、一昔前ならば「子どものケンカだし」と穏便に済ませることが多かったですが、時代もあってか近年ではすぐに訴える・訴えないという話になりがちです。

子どもがいる人の場合には、個人賠償保険を検討してみてもいいかもしれません。たとえばコープ共済は月額１４０円で付帯オプションとして個人賠償保険をつけることができます。子どもがいる場合には生命保険に入る場合が多いでしょうから、ここに個人賠償保険をつけるのは手でしょう。

もしも相手が執拗に非難を繰り返してきたり、慰謝料を要求してきたり、弁護士を立ててきたりした場合でも、動じないでください。ただのポーズ、脅しであることがほとんどです。弁護士事務所や法テラスを利用し、必要に応じて対策をとってみてください。

まとめ

弁護士特約を外すべきでない理由

事故を起こされたとき、弁護士が入ると有利になりやすいため

第６章

セキュリティ

被害予防のリテラシー

佐々木成三
（スクールポリス理事／元捜査一課警部補）

LITERACY
ENCYCLOPEDIA

第6章

セキュリティ

PROFILE

「セキュリティ」監修

佐々木成三

(ささき・なるみ)

1976年岩手県生まれ。元埼玉県警察本部刑事部捜査一課の警部補。デジタル捜査班の班長として活躍。現在は、小中高大学生らが巻き込まれる犯罪を防止するために設立された「一般社団法人スクールポリス」の理事を務め、講演活動を行うほか、刑事ドラマの監修、テレビ番組のコメンテーターとして多数出演している。

53 子どもにスマホを「使わせない」のはいけない判断である

第6章では、セキュリティについてのリテラシーを考えていきます。日本は世界的に見れば安全な国とはいえ、それでも悪質な犯罪者はおり、報道されていない事件はいくらでもあります。

犯罪者は「狙いやすい人」に常に目を光らせているのです。逆のことを言えば、「狙われにくい行動」をとることで対象から外れることができると考えてください。

特に、近年の犯罪でもっともリテラシーが必要なのが「ネット」にまつわるものです。今の子ども・若者たちは「第二次デジタルネイティブ世代」と呼ばれており、生活の中にネットやSNSがあることは当然になっています。

しかし、だからと言ってリテラシーが高いわけではありません。社会経験のない子どもをカモにした犯罪者はごまんといますし、また自分の行動が犯罪行為、またその被害者になっていることを知らずに行っていることが多々あるのです。

子どもに教えるためには、親自身もリテラシーを高く持つ必要があります。

まず前提として、**「スマホを使わせない」と考えるのではなく、「正しく使ってもらう方法を教える」ようにしてください。**

アダルトサイトなどをブロックしたところでほとんど意味はなく、SNS、オンラインゲームといったところから犯罪は起こるのです。包丁と同じで、どんなツールも使い方次第では道具にも凶器にもなります。

その上で、親子で共有しておきたい知識を紹介します。

1 不適切投稿などで炎上した場合、個人が特定され人生に悪影響を及ぼす
2 家、近所、使っている駅、学校など、場所や生活環境がわかる写真はアップしない
3 自撮り画像を投稿しただけで、ネットストーカーのターゲットになることがある
4 人を見極める力がない未成年は、オンラインゲームだけで知り合った人とは会わない
5 誹謗中傷コメントや、そうしたコメントへの「いいね」を気軽にしない

1つ目は、一度でもネットが炎上する行動を起こす・炎上する動画や画像を上げれば、それは一生消えない「デジタルタトゥー」として残り続けるということです。

たとえば悪ふざけの動画を撮影し、インスタグラムのストーリーに投稿したとします。ストーリーは24時間で消えるということもあって気軽に載せてしまうことも多いのですが、誰かがスクリーンショットなどで保存してしまえば、それはデジタルタトゥーとして残ります。

実際、2年前のいたずら動画の内容がのちに就職活動に響いて、内定取り消しになったケースもあります。

さらに、ネット上にはゆがんだ正義感を持った「特定班」たちがいます。彼・彼女らはまとめサイトを作り、世間が忘れた頃、定期的に情報を拡散させます。軽い気持ちの過ちがその後一生残る可能性があることは、忘れてはいけません。

2つ目は個人情報の保護についてで、ツイッターなどに写真を載せる際、個人情報が特定されないようにしてください。家の場所はもちろん、自分の生活環境が知られるような自宅からの景色、近所の景色、最寄りの駅、通っている学校などは危険な情報です。

ネットストーカーは「電車が遅延」「ゲリラ豪雨なう」などの情報を、「この女の子はこの駅を使っているんだな」「このエリアに住んでいるんだな」などと推測してきます。

自撮り写真を載せる場合には、ポートレートモードで背景をぼかす、背景が見えないようにトリミングするようにして、居場所がわからないようにしてください。

3つ目は、近年非常に増えている児童ポルノの問題です。SNSで知り合った人から裸の自撮り画像を求められて送ってしまうケースはあとを絶ちません。恋人などどれだけ親しい間柄であっても、裸の写真を送る・撮られてはいけません。リベンジポルノもまた、一生消えないデジタルタトゥーの1つなのです。

4つ目は小中学生に多いケースで、オンラインゲームで知り合った大人や学生に「遊ぼう」と言われて犯罪にあってしまうケースがあります。ゲーム自体を禁止するのは難しいでしょうから、「仲良くなっても、絶対に会ってはいけない」ことをルールに遊んでもらうようにしてください。それだけで犯罪にあう確率は減らすことができます。

ちなみに、ゲームアカウントの売買を使った詐欺も増えており、実際にお金を払わず、アカウントを乗っ取られる被害が相次いでいます（詳しくはのちほど紹介します）。

5つ目は、個人への「誹謗中傷コメントをしない」ことで、そのような投稿が拡散されていてもリツイートや「いいね」をしないことです。

■ネット上への写真投稿に注意

自撮り写真はポートレートモードなどで背景をぼかす
居場所などがわかる写真はNG
literacy@0000
遅延なう
○○駅

「いいね」をしただけで同じ責任として問われ、損害賠償請求を受けることがあります。

リアルで人に言えないことは、ネット上でも言ってはいけないと教えてください。何気ない悪意が、人を深く傷つけるのです。

このようなポイントがあるのですが、前提として知ってほしいのは、**性犯罪者はSNS上でターゲットを探しているということです。**

たとえば女子児童が「家出した」「神待ち」とツイッターに投稿すれば、10分もすれば何十人もの男が連絡をしてきます。

そのような事態を防ぐには、子どもと密にコミュニケーションをとり、愛情不足を感じないようにふだんから生活することです。ネットのサービスを利用するリスクを明確にし、納得した上で使っていくようにしてください。

まとめ

「子どもにスマホを使わせない」のがいけない理由

現代社会でネットの利用は不可避。「正しい使い方」を教えるほうが有用なため。そのためには親のリテラシーが重要

被害予防のリテラシー

54 犯罪者たちはSNSを使って「お金につられる人のリスト」を作っている

SNSを使った犯罪は増えており、その中の1つが「闇バイト」です。

闇バイトとは、たとえばツイッター上で「日給4万円／スーツ支給／荷物を受け取るだけの簡単なバイト」のような募集をかけるものです。

もっとも典型的なのが、「特殊詐欺の受け子」で、つまり、振り込め詐欺などで集めたお金の入った通帳の受け渡しです。大麻の受け回しなどの場合もあります。

実際に犯罪に加担してしまっているわけですが、「高齢者の方から承諾を得ている」とウソの情報を伝え、罪悪感をなくしてしまいやすい特徴があります。

何よりの問題は、一度闇バイトに手を出すと簡単に抜け出せなくなるということです。

闇バイトでは、仕事の前に身分証明書を提示させられ、控えを取られます。

やめようとすると、「ネットにさらす」「大学にばらす」「就職できないようにする」など脅されてしまうのです。

ＳＮＳを使った犯罪は他にもツイッターのＤＭ（ダイレクトメッセージ）やラインなどを使って「情報商材詐欺」や「投資詐欺」を行います。いい話があると誘って、お金や個人情報を盗んでしまうのです。

では、犯罪者はどのように闇バイトや詐欺のターゲットを決めているのでしょうか？

実は、犯罪者たちは事前にターゲットを絞り込んでいます。

たとえば、代表的なものの１つが「リツイートで現金３万円プレゼント！」「フォローしてくれたら１００万円ゲットのチャンス！」のようなツイッターの投稿です。

著名人などが実際に現金プレゼントをしたケースもありますが、ほとんどの「現金プレゼント企画」は罠であり、実際にお金はもらえません。

投稿者は何をしているかというと、**投稿に反応する「簡単にお金をほしがるリテラシーの低い人」をリスト化するのです**。その後、このリストにあるアカウントにダイレクトメッセージで詐欺や闇バイトに誘い込みます。

ツイッターだけでなく、ラインでも同じことはあります。たとえば、「友だち登録で２万円」のような告知を行い、友だち登録してきた人はターゲットのリストに入ってしまうのです。

詳しくはこのあとの項目でお伝えしますが、今、SNSやグーグルアカウントなど、ありとあらゆるアカウントは売買されており、犯罪者たちが利用しています。

「いつでも犯罪に巻き込まれる」可能性がありますので、とにかくリテラシーを高くしておくことが一番の防衛策となります。

まとめ

SNSから犯罪に巻き込まれないために

「お金がもらえるキャンペーン」に注意。

相手がなぜそんなことをしているのか、冷静に考えて行動を

55 あらゆるアカウントは買える時代である

犯罪者はターゲットをリスト化しているとお伝えしました。このリストによく使われるのが、SNSのアカウントです。

実は、ツイッター、フェイスブック、ライン、インスタグラム、グーグルなど、こうした様々なサービスのアカウントはネット上で売買されています。しかも、一般にはアクセスできないダークウェブなどではなく、ネットゲームなどのアカウントを売るサイトの中で堂々と売られているのです。

たとえば、フォロワー数の多いツイッターアカウントなどは1件何十万円という高値で売られることもあります。

このシステムを犯罪者が悪用しているのです。というのも、アカウントを売買することは法律では禁止されていません。それぞれのサービスの利用規約には違反しているでしょうが、取引自体は違法ではないのです。
アカウントを売っているのは実在する個人の場合もありますが、犯罪組織である場合も多いと考えてください。

たとえば、前項で紹介した「ウソの現金キャンペーン企画」でフォロワーを集めたアカウントを、Aという犯罪組織が売りに出したとしましょう。

このアカウントを、別のBという犯罪組織が買うのです。このアカウントのフォロワーは「全員カモ」ですから、だますのに効率がいい金の鉱脈になります。そして、闇バイト、情報商材、投資詐欺などに使われるというわけです。

また、「なりすまし」も大きな問題で、マッチングアプリのアカウント（本人認証済み）を購入して若い女性になりすます、購入したグーグルアカウントで「ビジネスメール」を装って個人情報を盗む、犯罪に誘い込む、といったケースも増えています。

大量のスマホを仕入れてアカウントを量産する組織もありますし、そのアカウントを買って悪用する組織もあるというわけです。

このようにネットを使った犯罪は小さい組織がそれぞれ独立して行っているため、警察も追いきれない状況が続いています。

疑いだせばキリがありませんが、私たちの対策としては**「身元がわからない人からの突然の連絡」は、まず怪しんだほうがいい**でしょう。無視をしてください。

また、知り合いから連絡がきたとしても、何か怪しい（たとえば、○○を買ってほしいと依頼された、突然個人情報を聞かれたなど）と感じたら、別の手段でその人に連絡をとるというのも1つの方法です。

また少なくとも、ソーシャルゲームなども含めてアカウントの売買に手を出すのはリテラシーが低い行動だと考え、近づかないのが一番です。

まとめ

アカウント売買が危険な理由

犯罪者が悪用し、いつでも犯罪に巻き込まれる可能性があるため。

身元不明の人からの連絡は無視すること

被害予防のリテラシー

56 フィッシング詐欺を防ぐ最高の方法は「メールを開かない」こと

大きな問題となっている犯罪の1つが、フィッシング詐欺です。

銀行やクレジットカード会社、アマゾンや楽天のようなネット通販サイトなど、「公式」のふりをしたフィッシング詐欺が増えています。

メールや携帯電話のショートメッセージ（SMS）で本物そっくりのサイトに誘導し、メールアドレスとパスワード、クレジットカードの情報を入力させて情報を抜き取ることが目的です。

かつては本物と明らかに違うメールアドレスやドメイン、日本語がおかしいなど不審な点が多く見分けもつきやすかったのですが、近年はかなり巧妙化してきて、「見分けがつかない」ことが増えてきています。

たとえば、こんな例があります。

通販サイトからアカウントの再設定を求めるメールが送られてきて、リンクを開くと本物と同じ（ように見える）サイトに誘導されました。

その画面でメールとパスワードを入力し、送信ボタンを押すと、「エラーがあります」という画面になってしまいました。「何か間違ったかな？」と思って、「画面を戻る」というボタンを押すと、なんと本物の通販サイトに移動するのです。

このケースの場合、「エラーがあります」の時点でメールとパスワードを抜き取られているわけですが、最後には本物のサイトに誘導されるので、だまされていたことにすら気づかない場合もあります。このように手口が非常に巧妙化してきているのです。

まず原則として、金融機関やクレジットカード会社、あるいはアマゾンや楽天などの大手企業がメールで個人情報を問い合わせたり、パスワードの再設定を求めたりすることは基本ありません。そのようなことを簡単にしていては、信用問題になるからです。少なくとも、携帯電話のショートメッセージで送ってくることはありません。

対策として一番の方法は**メールを開かず無視することです**。開いてしまうと、だまされる確率が増えるからです。

メール、SMS、ラインなど、どのような手段で送られてきたものであっても、**記載さ**

■SSLのないサイトでは入力情報が筒抜け

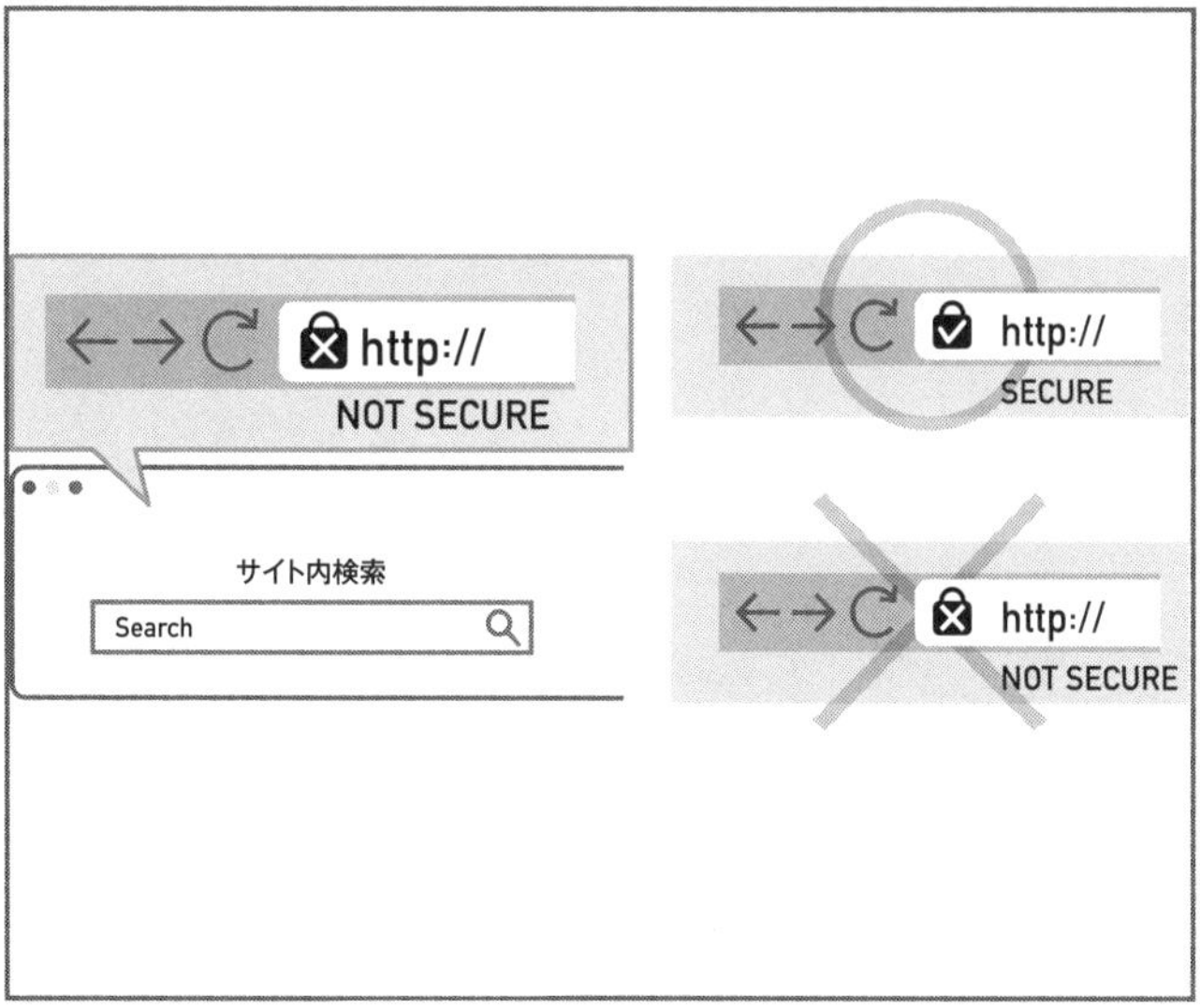

れたURLは開かず、公式アプリや事前に登録しているブックマーク、グーグルからの検索など、公式の方法でログインしてください。

インターネットバンキングやクレジットカード番号のように重要な個人情報を入力するページでは、SSLという暗号化技術が使われています。

アドレスバーに鍵マークがあるか、もしくは運営組織の名前が緑色になっているかで判断できます。信頼できるサイトであれば、このSSLが必ず使われています。

反対に、SSLを使っていないページでは、すべての入力内容が管理者に

見られてしまうと考えてください。

では、盗まれた個人情報はどう使われるのでしょうか？

1つには一般の接続では入ることができない「ダークウェブ」という場所で1件いくらと値段がついて犯罪者に売られることがあります。流出した内容にもよりますが、氏名、年齢、住所、クレジットカードの番号など、登録していた情報が公開されているのです。

心配な人は、ノートン社のホームページに「メールアドレスの流出チェック」というサービスがあります。

使っているメールアドレスを入力すると、過去に流出があったかどうか確認することができるというものです。

無料でできますので、一度見てみてもいいでしょう。

【メールアドレス流出チェック（ノートン社）】
https://jp.norton.com/breach-detection

まとめ

フィッシング詐欺にかからないために

フィッシングサイトは巧妙化していて見分けがつかない。
メールは基本無視し、アプリや公式サイトからログインする

57 フリーWi-Fiで会員ページにログインしてはいけない

地域や企業、お店などが提供している「フリー（無料）Wi-Fi」のスポットも増えてきていますが、セキュリティの観点からすると、利用には注意が必要です。というのも、個人情報を盗むことを目的としたフリーWi-Fiがあるのです。

フリーWi-Fiでもっとも注意が必要なのが、通信が暗号化されているかどうかです。暗号化されていない通信は外部からのぞくことができるので、個人情報が盗まれたり、ウイルスに感染したり、パソコンやスマホが乗っ取られたりなどの危険性があります。

暗号化されているかどうかは、Wi-Fi設定画面を開いて、「鍵のマーク」がついているかどうかです。鍵がついていない場合は接続しないようにしましょう。

特に危険なのは「なりすまし」のWi-Fiで、企業の提供しているWi-Fiのふりをした、犯罪用のWi-Fiです。ネットワークの名前をＳＳＩＤと言いますが、ＳＳＩＤは提供者が

■鍵マークなしのWi-Fiにはつながない

自由に設定できます。そのため、公式に似せることが簡単にできてしまうのです。

また、**企業が提供している本物のフリーWi-Fiであっても暗号化されていない場合もあります。**必ず鍵マークの有無を確認し、外ではWi-Fiを「自動接続しない」に設定しておきましょう。

加えてフリーWi-Fiのもう1つの注意点として、暗号化されている通信であってもメールアドレス、パスワード、クレジットカードの番号などの個人情報を入力しないことです。

具体的には、**会員登録しているサイトへのログイン、通販サイトへのログ**

イン、ネット銀行へのログインなどは避けます。
ネット上のセキュリティに１００％はありませんので、とにかく個人情報にまつわることには慎重に行動しましょう。フリー Wi-Fi では、「ネットサーフィン」にとどめておくのが無難だと言えます。

まとめ

フリーWi-Fiで会員ページにログインしてはいけない理由

個人情報が盗まれる可能性があるため。利用の際はネットサーフィンにとどめる

被害予防のリテラシー

58 マンションの高層階でも空き巣は起きる。家の防犯対策の考え方

ここからは、ネット以外の犯罪についても見ていきましょう。日本では年間約75万件の犯罪が起きていますが、その7割が窃盗です。窃盗には大きく、家の中に押し入る「侵入盗」、車や自転車を盗む「乗り物盗」、ひったくりなどの「非侵入盗」とありますが、ここではまず、「家の防犯」について考えていきます。

一軒家とマンションなどの集合住宅に分かれますが、まず一軒家の場合です。防犯で役立つのが次のような装備です。

〈一軒家におすすめの防犯アイテム〉

1　センサー照明

2　防犯フィルム

3　防犯カメラ
4　音の鳴る人感センサー
5　CP部品を採用した鍵

1つ目のセンサー照明は、人の動きを感知して光る照明です。犯罪者は姿を見られたくないですから、これが玄関先などにあるだけで犯罪の抑止力になります。

2つ目は窓に貼る防犯フィルムです。窓を割られてもガラスがフィルムにくっつくので、穴があきづらく、侵入までの時間を稼げます。またガラスの飛び散りを防ぐので、災害対策としても重要なアイテムになります。

3つ目は防犯カメラです。カメラ付きのインターホンはぜひ標準装備として備えてほしいところです。

4つ目は人感センサーでチャイムなどが鳴る防犯アラームです。照明とセットになったものなどもあるので、必要に応じて検討してみてください。

5つ目は民間と警察庁などが共同で開発した「CP部品」を建物部品に使用することです。空き巣は侵入に5分以上かかる家は狙わないことが多くCP部品を導入している家は

「防犯がしっかりしている」と思わせることもできます。また、単純に鍵を2つつけるだけでも防犯対策になります。

一方、アパートやマンションですが、**実は空き巣被害の3分の1が集合住宅です。しかも、1階や2階だけではなく、4階以上のマンションでも空き巣は起こります。**

侵入経路は一軒家と同じく、玄関や窓からです。たとえばオートロックのあるマンションでも他の住人が解錠したときに一緒に入ることができますし、電柱をつたって窓から侵入することもあります。電柱と窓が近い部屋は借りないほうが無難でしょう。

マンションやアパートに関しては、賃貸では設備が整えづらいこともあるので、「そもそも狙われにくいように対策をする」ことも重要になります。次項で紹介するポイントもあわせて参考にしてみてください。

まとめ

マンションの高層階でも空き巣は起きる理由

オートロックをすり抜ける、電信柱を使って侵入など、方法があるため

59 空き巣は玄関前が汚い家を狙う。狙われにくくする5つのポイント

前項では家の設備の話をしましたが、空き巣は「入れそうな家」に狙いを定め、必ず下見をします。それも一度や二度ではなく、定期的にチェックを繰り返し、その家の家族構成や生活リズムなどを見極めようとします。

では、いったいどこを見ているのか？　そのポイントを紹介しましょう。

〈空き巣にあわないためのポイント〉

1　防犯設備の有無
2　ポストや玄関受けにチラシが大量に挟まっていないか
3　玄関前やベランダ・庭が散らかっているか、整っているか
4　自宅の玄関や自宅の間取りなどがわかるような写真をSNSに投稿しない

5　夜に洗濯物を干していないか

1つ目は前述したような防犯設備の有無です。すべてをしっかり行わないまでも、「備えている（防犯意識がある）」と空き巣に思わせることが重要になります。

2つ目はポストや玄関受けで、チラシなどがたまっている場合は「留守にしていることが多い」「だらしない」という判断になるのです。毎日きれいに片付けておき、旅行などで留守にする場合は郵便局に伝えて配達を止めてもらってください。最長30日中止することができます。

3つ目は玄関前や庭・ベランダの状態で、ビニール傘が散らかっている、ベランダが汚い、庭の雑草が生え放題などは、やはり「留守が多い」「防犯意識が低い」ことのあらわれと見られる可能性があります。

4つ目はネット上の情報で、特に注意が必要なのはＳＮＳの投稿写真です。自宅の玄関が映っていないでしょうか？　空き巣は玄関を見れば開けやすい鍵か、セキュリティ体制はあるかなどを判断できてしまいます。投稿していた場合は、すぐに削除しましょう。

5つ目は洗濯物で、いつも夜に干している、夜も干しっぱなしである、というときは要注意です。日中仕事などで留守にしていることがわかってしまいます。

このようなポイントをつぶしていけば、「狙われにくい家」にすることもできるので対策をとってみてください。

また、意外と油断している人も多いのですが、ゴミ出しやコンビニへ出かけるときなど、数分の移動であっても必ず玄関の鍵はかけて出る習慣をつけてください。その数分を狙われる可能性もありますし、鍵をかけずに出かけること自体が「防犯意識の低い家」だと思われることにもつながります。

なお、もしも家に入って「様子がおかしい」「空き巣に入られたかもしれない」と思ったら、**そのまま家には入らず、離れたところまで逃げてから警察に通報をしてください。**空き巣がまだ残っている可能性があるためです。

まとめ

玄関が汚い家が狙われる理由

留守が多い、生活がルーズ、防犯意識が低いと思われるため

被害予防のリテラシー

60 車のスマートキーを玄関に放置してはいけない。車上荒らしにあわない方法

続いて、自動車を狙った犯罪です。自動車自体の盗難と、財布などを狙った「車上ねらい」の大きく2つがあります。犯罪数は年々下がってきてはいますが、対策方法は知っておいてください。

1　少しの時間でも窓をしめ、鍵をかける
2　キーを車につけっぱなしにしない
3　防犯システムをつける
4　財布や携帯電話を置きっぱなしにしない
5　スマートキーを玄関に置かない
6　ナンバープレートの盗難防止ビスをつける

1つ目は、窓を完全にしめることです。車上ねらいでもっとも多いのは窓ガラスを割る方法で、強化ガラスでも窓を完全にしめておかないと比較的簡単に割れてしまいます。また、ほんの少しの時間でも車を離れる場合には鍵をかけるようにしましょう。

2つ目は基本ですが、キーをつけっぱなしで移動しないでください。自動車の盗難に遭った車の約半分が、キーが挿さりっぱなしの状態になっています。キーの挿しっぱなしは犯罪者の恰好の的になってしまうのです。

なお、自動車盗難は月極駐車場などでの発生率がもっとも高く、54・9%となっています(令和元年警視庁調べ)。人気《ひとけ》のないような駐車場は特に注意してください。

3つ目は、防犯システムをつけておくことです。タイヤロックやハンドルロックをつける、音のなる警報機をつける、車の位置を知らせてくれるGPS装置など、1つでも対策しておけば犯罪に遭う確率を減らすことができます。

4つ目は、財布や時計、アクセサリーなど、金目の物を置いてどこかへ行かないことです。また重要なのが携帯電話で、絶対に置きっぱなしにしないでください。携帯電話は個人情報の宝庫です。盗まれた場合にはキャリアに利用の一時停止を申し込み、Pay Payなどのキャッシュレスアプリも利用停止にしてください。

5つ目は、スマートキーの取り扱いです。近年多い手口として、スマートキーの機能を悪用した「リレーアタック法」と呼ばれるものがあります。

スマートキーは電波によって遠くからでも車のキーを開け閉めできる便利なものですが、この電波を拾って増幅させる装置を使ってカギを開けてしまうのです。玄関にスマートキーを置いておくと外から電波を盗まれることがあるので注意してください。

対策としては、電波遮断専用ケースに入れることです。専用ケースがなくても金属ケースに入れるなど電波を拾われないように工夫を施してください。

6つ目はナンバープレートについてで、車両部品の盗難のうち、その半分がナンバープレートを狙ったものです。なぜナンバープレートかというと、昔は盗難車にナンバーをつける目的でナンバーが盗まれていましたが、今では日本のナンバープレートが海外で高く売れるという理由があり、ナンバー盗難が発生しています。

ナンバープレートの盗難防止用のビスが売られていますので、これをつけておくだけで狙われづらくなるでしょう。

まとめ

玄関にスマートキーを放置してはいけない理由

電波を拾われ、車の鍵を開けられる可能性があるため

被害予防のリテラシー

61 帰り道にイヤホンをしながら歩いてはいけない。性犯罪者が狙う人の特徴

続いては性犯罪についてです。性犯罪の被害件数は、表に出ている数は年間９０００件もないのですが、被害届が出されていない場合も多く、実際にはこの3倍以上の被害があると予想されています。

女性が狙われやすいのはもちろん、子どもも対象になりやすいので、どの家庭でも注意が必要です。空き巣などと同様に、性犯罪の常習者も毎日のようにターゲットを品定めしています。

知っておくのと知らないのとでは大きく差が出ますので、狙われづらい行動をぜひ知っておいてください。ポイントを紹介していきましょう。

1　「ながらスマホ」やイヤホンをしながらの歩行に注意

2　明るく人のいる場所を選び、気配を感じたら振り返る
3　エレベーターでは見知らぬ人と2人きりにならないように
4　帰宅時は、誰もいなくても「ただいま」と言って玄関に入る
5　部屋に入ってすぐに窓側の電気をつけない
6　電車でドア付近には立たない

まず注意が必要なのは「ながら歩き」です。スマホに夢中になっていたり、イヤホンで音楽を聴いてまわりの音が入ってこない状態など、注意が外に向いていない無防備な状態は非常に狙われやすくなります。性犯罪者だけではなく、スリやひったくりも同様です。

また、かばんは車道側の手で持たないようにしてください。ひったくり犯はバイクや自転車を使うことが多く、ひったくり被害に遭う人の7割が車道側にかばんを持っています。

2つ目は歩くルートで、明るい道、人通りの多いところを選んでください。もしも自宅周辺エリアで性犯罪があった場合は要注意で、該当箇所を必ず避けましょう。土地勘のある犯人は同じような場所で犯行に及ぶ傾向があるからです。各都道府県が防犯情報を出しているので定期的に確認してみてください。

また、犯罪者は顔を見られることを嫌います。つけられている気配がするときは頻繁に振り返ることも有効です。何か変だと思ったらすぐにタクシーに乗るようにしてください。

3つ目は、マンションのエレベーターで知らない人と2人きりにならないように、次のエレベーターを待つなどしてください。やむを得ず2人きりになってしまった場合は、入口の操作ボタンを背にして、後ろをとられないようにしましょう。何か怪しい雰囲気がすると思ったら、目的以外の階のボタンを押し、電話がかかってきたふりか、誰かに電話をかけながらさっと降りましょう。

■ドア付近と中央は危険

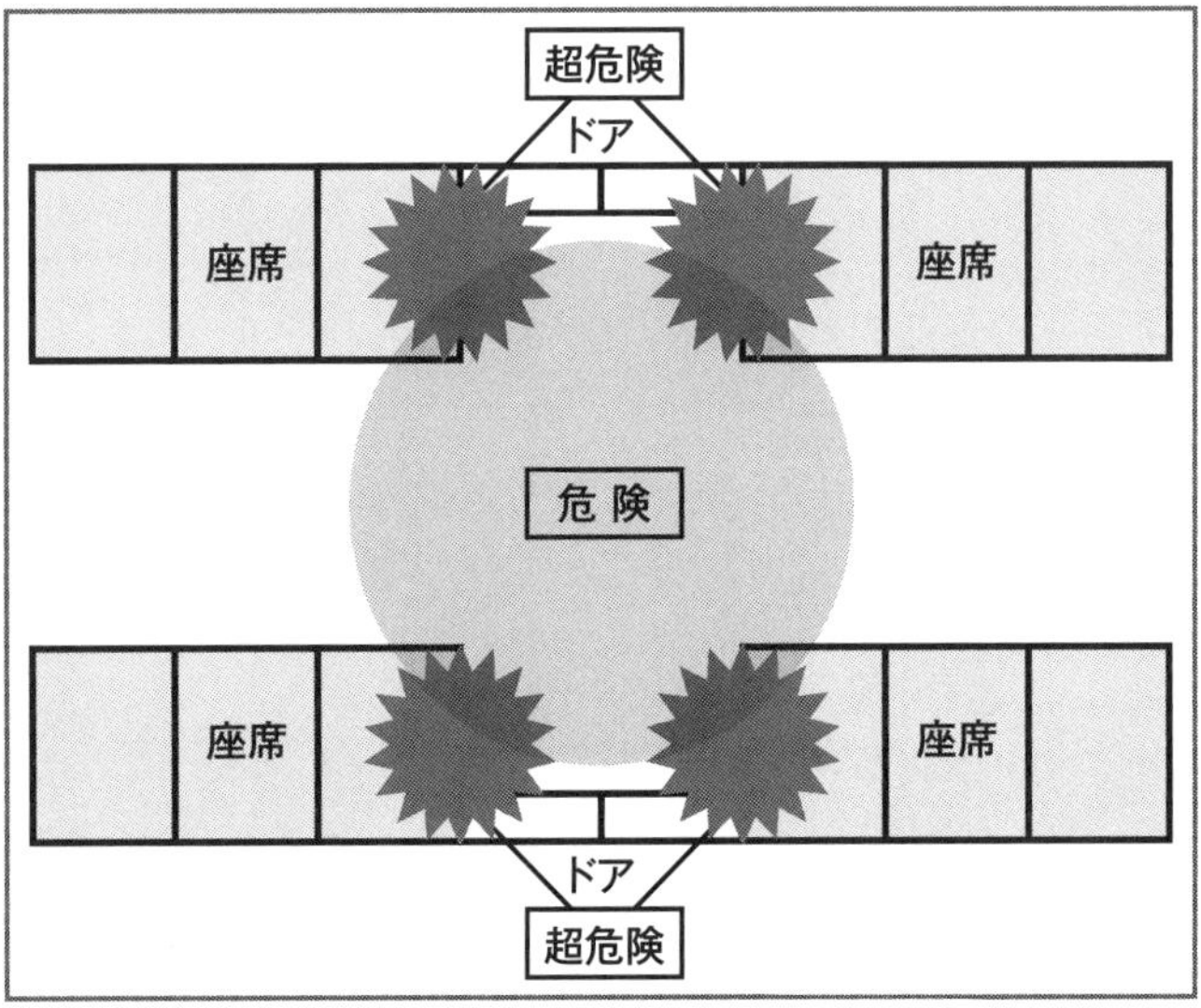

4つ目は、帰宅時に1人暮らしでも、家の人が留守でも「ただいま」と言って玄関に入るようにしてください。「人がいるかもしれない」ことの演出になります。単純ですが、かなり大事なことです。玄関ドアを開けるときは必ず周囲を見渡しましょう。

5つ目は、帰宅してすぐ窓側の電気をつけないことです。犯罪者に後ろをつけられていた場合、どの部屋に住んでいるかすぐにわかってしまいます。マンションやアパートで電気をつけるとすぐにわかってしまうという場合には、スマート電球がおすすめです。

携帯電話を使って遠隔でスイッチの

オンオフができますので、家につく前に電気をつけておくという対策もできます。
６つ目は、痴漢被害などを防ぐ手段として、電車のドア付近には決して立たないようにしてください。ドア付近は犯人が逃げやすく、女性や子どもの前に立てば、まわりから見えないように視界をふさぐこともできてしまいます。

まとめ

帰り道にイヤホンをしてはいけない理由

犯罪者は、無防備な人を狙うため

62 もしも「ぼったくり」被害にあったとき やってはいけないこと

条例で禁止されて数が少なくなってきたとはいえ、客引きからの「ぼったくり被害」はあとを絶ちません。どんな形にせよ客引きは無視するのが鉄則ですが、強引に、あるいは言葉巧みに誘導されてしまう場合があるかもしれません。

近年では出会系アプリを使って客引きを行うパターンなども出てきており、知り合った女性が特定の店に連れて行こうとすることもあります。

法外な値段を請求されてしまったときには、

1 明細を要求し、最初に説明された値段しか払わないと言う
2 やりとりを録音しておく
3 雰囲気が危うくなってきたら警察を呼んでやりとりをする

4　一定の金額だけ払って帰る
5　絶対にクレジットカードは出さない

といったことが挙げられます。

まず、明細を要求し、何がいくらなのかを説明するように求めましょう。最初の説明とまったく違う料金などが加算されていた場合、「最初に客引きに説明を受けていた額しか払わない」と強く主張してください。その際、あとで「言った・言わない」にならないようにそっと録音するのも手です。

それでもこちらをしつこく拘束してきたり、ATMまで誘導しようとするなど強引な方法をとられたら警察に連絡をしましょう。ただし、警察は民事不介入のため、呼んだからと言って解決できるわけではない点には注意が必要です。

お金を払わずに逃げれば無銭飲食で逆に犯罪となってしまうので、落としどころとしては自分が払ってもいいと思う金額だけを出し、「これで足りないなら訴訟でも何でも起こしてください」と毅然とした態度で伝えて帰ることです。

このような店では、間違ってもクレジットカードを出してはいけません。請求がいくらになるかわからないことに加えて、カード番号を盗まれて悪用される可能性もあります。あとで弁護士や警察に相談した場合でも、基本的に支払ったものを取り戻すのは難しく、対策としては、やはり最初から客引きには乗らないことが鉄則になります。

まとめ

ぼったくり被害にあったときの注意点

トラブルになったらその場から逃げず、警察に通報する。カードは絶対出さないこと

被害予防のリテラシー

63 警察に連絡するか迷った場合は＃９１１０

ここまで日常で起きやすい犯罪について紹介してきましたが、詐欺、空き巣、ひったくりなど、明確な被害があれば警察に連絡する人がほとんどでしょう。

しかし、中には「これは警察に言うべきことなのだろうか？」と迷うこともあると思います。

そのようなときには、「＃９１１０」に電話をかけることをおすすめします。このダイヤルは通報ではなく、警察の相談窓口です。

たとえばＤＶ、いじめ、ネットストーカー、ＳＮＳで誹謗中傷を受けているなど、困っていることがある場合には警察が相談に乗ってくれます。

どんな場合においても「孤立しないこと」が被害を防ぐためには重要なことです。困ったことがある場合には、抱え込まずに周囲に相談すること。身内の人に相談しづらい場合は、警察などの公的な第三者に話をしてください。
特にネットで被害を受けているという場合には、ラインの内容、ツイッターの投稿などをスクリーンショットで撮影しておくとのちのち証拠になります。

まとめ

困ったことがあった場合の対処法

孤立しないことが重要。周囲や警察へ相談をし、証拠があれば控えておく

第 7 章

医療

病気と治療のリテラシー

「薬と病院選び」監修 **長尾和宏**
(長尾クリニック代表)

「医療情報」監修 **松村むつみ**
(医療ジャーナリスト／放射線科医)

「医療情報」協力 **西川隆一**
(薬剤師)

「がん」監修 **明星智洋**
(がん薬物療法専門医)

LITERACY
ENCYCLOPEDIA

第7章

医療

PROFILE

「薬と病院選び」監修

長尾和宏

（ながお・かずひろ）

1958年香川県生まれ。1984年東京医科大学卒業、大阪大学第二内科入局。1995年長尾クリニック開業。医療法人社団裕和会理事長、長尾クリニック院長。医学博士。日本消化器病学会専門医、日本消化器内視鏡学会専門医、指導医、日本内科学会認定医、日本在宅医学会専門医。労働衛生コンサルタント。日本ホスピス・在宅ケア研究会理事、日本慢性期医療協会理事、日本尊厳死協会副理事長、全国在宅療養支援診療所連絡会世話人、エンドオブライフ・ケア協会理事。関西国際大学客員教授。

薬と病院選びのリテラシー

64 ジェネリックをすすめない医師もいる

「ジェネリックにされますか？」。薬局で薬をもらうとき、薬剤師にそう聞かれます。ジェネリックとは「後発医薬品」のことで、もともと開発された薬（新薬／先発医薬品）と同じ有効成分で作られた薬剤のことです。

新薬は数年〜十数年程度経過すると特許期間が終わり、別の会社でもジェネリックを発売することができます。開発後、品質の検査、保存性などの検査、被験者への試験などを経て、厚生労働省に認められてようやく発売できるようになります。

こうして見ると安全は十分確保されているような気がしますが……しかし、実は薬剤に詳しい薬剤師や製薬業界出身の人、また医師の中には、「ジェネリックは選ばない」という人は少なからず存在しています。

その理由は、新薬とジェネリックは品質がまったく同じというわけではないからです。

主成分は同じであっても、それを包む成分の配合は会社によって違います。

たとえるなら、カレーを作るとき使っている材料が「だいたい同じ」であっても、スパイスの量が違ったり、調理過程や隠し味が違ったりして、そこに腕の差が出ます。

実際、利益優先の「安かろう悪かろう」のジェネリックも存在し、ニュースになることもしばしばです。また、現場の医師から「ジェネリックは先発薬に比べて効きづらい印象がある」という意見も挙がっています。

しかし、国が「薬の8割をジェネリックに」と推奨していることもあり、協会けんぽの調べ（2020年）では処方されている薬のうち80%以上がジェネリックになっています。ジェネリック薬品は製薬会社や薬局にとっても利益率が高いので、ジェネリックへの「変更不可」を希望しない限りジェネリックが処方されるのです。

そもそも、なぜジェネリックがこのように推奨されるかというと、背景には「医療費の削減」があります。2018年度の医療費は42兆6000億円で、2040年には67兆円になる試算もあり、薬剤費はこのうち2割を占める出費です。

つまり、「薬を使いすぎ、もらいすぎ」だからこそ、国は安上がりなジェネリックを使ってほしいというわけです。

もちろん、すべてのジェネリックの品質が悪いということではありません。「高品質のジェネリック」も確かに存在していますし、医師や薬剤師の中には「ジェネリックを選んでも問題ない」と言う人も多くいます。

ただ、ピンキリの世界であるということは確かであり、種類によっては大ハズレもあり得るのです。何よりの問題は、それがハズレかどうか、どの成分が悪くて、どんな過程で作られている薬が正解なのか、別の薬と組み合わせたときの副作用はどうなのか、これらを一般の人が自己判断するのは極めて難しいことです。

ジェネリックを選ぶ場合には、医師や薬剤師に**「あなたが私と同じ症状だったら、ジェネリックを選びますか？」「今使っている薬との飲み合わせは大丈夫ですか？」**と聞いてみるのも1つの手でしょう。

まとめ

ジェネリックをおすすめしない医師がいる理由

品質がピンキリで、効きが悪いという印象も強いため

65 総合病院や大学病院だから間違いない、ことはない

病気が疑われたときには地域で一番大きい「総合病院」や、権威のある「大学病院」で診てもらいたい、と考える人も多いと思います。

しかし、医療の現場を知っている人からすると、必ずしも総合病院や大学病院が最適解ではなく、むしろ「まずは地元の病院」にかかるのが正解というケースも多いのです。

まず総合病院というのは、様々な分野の専門医たちが集まってできた病院です。専門性が高い＝よい病院というイメージがありますが、逆を言えば「専門以外のことは診ない、よくわからない」ということも多いのです。

たとえば逆流性食道炎のような症状も、総合的に症状を見ている「町医者」のような医師ならば症状を聞けば「これは逆流性食道炎だな」と判断できることでも、総合病院では耳鼻咽喉科、呼吸器科など、かかる科を間違えるとかえって原因がわからず、たらい回し

になることがあります。

比較的症状の軽い病気だったらまだいいのですが、中には深刻な例もあります。実際にあった例で、のどに違和感を持った人が最初に循環器内科を受診したところ、原因がよくわからず、消化器内科に回され、結局検査までに2ヶ月以上かかりました。不調の原因が食道がんだとわかったときには、すでに末期だったというケースがあります。

また、大学病院は設備も充実しており、働いている医師もみなプロフェッショナルだという印象があるかもしれませんが、これは半分正解で、半分不正解です。

そもそも大学病院とは、患者の治療だけではなく「若手医師の教育」「基礎研究」という役割を持った特殊な病院です。

教育が目的の1つですから、研修医が手術を担当することは当然のようにあり、研修医の練習台になる可能性もある病院だということです。そうした事情を考えれば「手術数が多い病院だから安心」というわけでもないのです。少なからず医療事故も起きて、問題にもなっています。

もちろん、総合病院だからできる、大学病院だからできる治療も多々あります。たとえば手術が難しいすい臓がんや肝臓がんなどは専門的な病院のほうがよいでしょう。

ただし、最初から専門的な病院にかかる必要はないのです。「大学病院で糖尿病の治療をしていたのに、すい臓がんを見逃された」というように、**専門性が高いというのは、言い換えれば部分的にしか診てもらえない**、ということでもあります。

糖尿病、高血圧、高脂血症などの生活習慣病や乳がんのように長期的な治療が必要な病気は近くのかかりつけの病院を利用するほうがいいでしょう。

総合的に言えば、不調を感じたときは近くのかかりつけの病院で検査を受けて、そこで対応が難しければ専門的な病院を紹介して診てもらうことをおすすめします。

まとめ

総合病院や大学病院だけが常に正解でない理由

専門的な病院は、その病気しか診ないため。初期の相談は地元のかかりつけの病院を推奨

薬と病院選びのリテラシー

66 どれだけ評判のいい病院でも遠い場合はおすすめできないケースもある

もしもがんのように大きな病気をしたら、「がん治療で有名な病院」「がん治療の権威」を受診したいと考える人は多いでしょう。

最新の知識や治療法、最先端の設備、豊富な治療実績などは、確かに病院選びで重要です。ただし、必ずしもそのような病院がベストな選択肢になるとは限りません。

そもそもがんの治療方法は大きく「手術」「薬物療法」「放射線」の３つに分かれます。これらを状況によって組み合わせて治療していくのですが、もっとも一般的なのは入院ではなく通院で治療していく方法です。つまり、**治療を受けている病院には定期的に通い続ける必要があります**。

ただでさえ体力や免疫力が落ちている中、毎月・毎週のように電車や飛行機を使って遠くの病院に通うというのは、心身にも経済的にも、時間的にも大きな負担がかかります。

それらのストレスでよけいに免疫能が下がる可能性もあるでしょう。

医療で何より重要なのは、「継続性」です。定期的に検査をして、病気が見つかったときには経過を見ながら、根気よく治していくものなのです。

その意味では、何かあったときに初めて名医を探すのではなく、今住んでいる場所のすぐ近くで信頼できる病院を探しておくほうが優先順位は高くなります。どんな病気も早期発見すれば治る確率はグッと高くなり、必ずしも最新の治療法でなくとも十分治すことができます。

よりよい医療を受けるには、かかりつけの医師の存在が非常に大切なのです。

では、いったいどんな医師がいい医師なのでしょうか？

注意点としては、「有名な名医だから安心」「役職が高いから腕がいい」「○○専門医だから安心」というわけではない、ということです。

たとえば雑誌で発表される「名医ランキング」ですが、ここにリストアップされる医師のほとんどは「部長クラスの外科医」になります。

なぜ外科医なのかというと「手術数」という数字で比べやすい指標があるからです。

また部長クラスの医師ばかりなのは、政治的な理由からです。というのも、医師も管理職になれば現場の仕事の割合は減っていきます。純粋な手術の腕でいえば現役バリバリの30〜40代の医師のほうが上の可能性が高いのですが、そのような若手を「病院の顔」にはしづらいので、必然的に上の世代の人が選ばれやすくなるというわけです。

またもう1つ、医師の中には様々な「専門医」という肩書きがありますが、これが実に玉石混交で、本当に難関な資格もあれば、お金を払えば誰でも取れるような名前だけの資格もあります。

なぜそんなにも専門医の肩書きが多いのかと言うと、専門医の肩書きは各医学会が用意しているもので、肩書きを渡す代わりに医師たちからお金を集め、医学会の資金源としている場合も多いのです。

資格を維持する条件も様々ですが、たびたびの出張が必要になることも多く、現場で忙しくしている医師にはかなりの負担になります。そのため、近年では専門医資格をあえて取得しない医師も増えているのです。そのようなことから、肩書きはあくまでも目安として考えてみてください。

実際にかかりつけの医師を探すときには、**「何でも話せる」「話が通じる」「説明がわかりやすい」**など、**付き合っていく上でストレスを感じないか**を大切にしてみてください。

かかりつけの医師に自分のいつもの状態・数値を知っておいてもらうことで、何か異常があったときに気づいてもらいやすくなります。

医師の選び方については、次項でも引き続き紹介していきます。

まとめ

遠い病院をおすすめできない場合

病気によっては継続通院が重要になるため。病院が遠いと負担が大きすぎる

薬と病院選びのリテラシー

67 薬をやたら出す、すぐ手術したがる、「〜しすぎる医師」には注意

信頼できる医師とはどんな医師なのでしょうか？

考え方や人間的な相性もありますが、医師や医療関係者から見たとき、少なくとも「かかるのはやめておいたほうがいい医師」は存在します。

それは薬の種類をやたらと出す医師、特に説明もなく強い薬を出す医師です。

「薬を飲めば治る気がする」という人も多く、プラセボ（思い込み）によって症状が回復する場合もあるのですが、すべての薬には副作用があります。服用する量や種類が増えるほど副作用が強くなる可能性は高くなるのです。それは漢方薬だって同じです。

にもかかわらず、飲み合わせも考えずに10種類も20種類も薬を出すような医師は疑ってみるべきでしょう。本質的に人間に興味がない、つまり、患者がどうなってもいいと考えているか、単純に副作用に無知である可能性があります。

副作用にも様々あり、たとえば「なんだかぼーっとしてだるい感覚が抜けない」と原因不明の症状に悩んでいた人が、処方されている薬の種類を減らした途端に症状がおさまったというケースがあります。これは典型的な「薬の飲みすぎ」であり、処方する医師側に大きな問題があると言えます。

そもそも人間には自然治癒力が備わっているので、必要以上の薬を飲む必要はないのです。むしろ、必要のない薬を服用することは菌やウイルスに耐性をつけさせる原因にもなります（詳しくは311ページを参照）。

ただし、まったく薬を出したがらないという医師がもしいれば、それも問題です。物事には適材適所があります。極端な信条や意見を持つ医師よりは、中庸でバランス感覚のいい医師にかかることをおすすめします。

またもう1つ、医師選びで必要な視点は、「その医師が得意な治療法」です。たとえば手術が得意な医師の中には、「珍しい症状だから手術してみたい」と、それ以外に方法があったとしても手術を提案してくることがあります。

そんな場合は、他に選択肢はないのか、メリットとデメリットは何か、総合的に話をして判断するようにしてください。

自費にはなってしまいますが、セカンドオピニオンを求めてもいいでしょう。
指標の1つとして、よい医師には「よい医師の顔」があります。たとえば、小児科ならば「柔和な表情」、外科医ならば「清潔感があって、きっちりした印象」といったように、その職業を象徴するような印象があるものです。そのようなパッと見の印象も大切にしてみてください。

まとめ

「〜しすぎる」医師をおすすめしない理由

薬の副作用に無知、人間に興味がない、自分の得意分野しか考えていないなどの場合、患者のためにならない治療をすることがあるため

68 最期まで治療を行うことがベストとは限らない

情報社会になり、医療に関する情報も様々な人が発信しています。一般人ならまだしも、医師によってもその情報は様々です。虚実入り交じった状況で、その真偽を専門家でない人が判断するのは簡単ではありません。

そもそも、「正誤」がつけられない問題も中にはあります。その代表が死についてです。

たとえば、すい臓がんになったとします。見つかったときにはステージが進んでおり、可能性は低いけれど抗がん剤で治療することになったとしましょう。

体力が落ちた中で投薬治療を続け、日に日にやせ細り、つらくて痛い思いをしながら、そのまま最後のときを迎えてしまう人も多くいます。

本人が望んだことであればよいのですが、そうでないことも多いのが問題です。

患者本人が希望していなくても、家族が延命治療を続けようとさせる（すでに患者には意識がほとんどない）ということは起こります。治る見込みはなく、苦しみが続くだけだとわかっていても、「もう治療はやめましょう」と言える医師はなかなかいません。あとで訴訟を起こされる可能性などもあるからです。

つまり、患者自身かその家族が「もうやめます」と言わない限りは、治療が続いてしまうと考えてください。一時期「がんの治療をしてはいけない」という話が流行しましたが、それにはこのような悲劇が背景にあったとも考えられます。

最期まで闘いたいか、穏やかで痛みの少ない最期を迎えたいか、自分の死との向き合い方をある程度の年齢になったら考えておくことも大切です。

そもそも、**高齢になると病院に行くことそのものが病気にかかるリスクにもつながります**。「めまい」で救急車を呼んだ95歳の人が病院でインフルエンザにかかり、そのまま亡くなってしまったということもあります。

また、治る見込みのない病気で入院をしても、寝たきりで体力が落ち、認知症の症状が急激に進むこともよくあります。

とにかく長生きすればいい、病気は治療したほうがいいというわけではありません。最期をどのように迎えたいのかは、その人の自由なのです。

しかし、意識があって元気なうちに表明し、家族に理解してもらわなければなりません。医師は、家族に「治療してほしい」と言われたらそうせざるをえないのです。

意思表示する方法としては、「リビング・ウィル」があります。最期を過ごしたい場所、回復不能だと判断されたときにされたくないことなど、自分の意思を記入するものです。法的な拘束力はないのですが、かかりつけの医師に渡すこともできます。もちろん、一度書いて「やっぱり変える」こともできます。

日本尊厳死協会などのホームページにフォーマットが掲載されているので、一度どんなものか見てみてもいいでしょう。

まとめ

最期まで治療を行うことがベストではない場合

治らない場合、痛みや苦しみを緩和する緩和ケアを優先する選択もある。そのためには、元気なうちにその旨を位意思表示し、家族に納得してもらう

第7章

医療

PROFILE

「医療情報」監修

松村むつみ

（まつむら・むつみ）

1977年愛知県一宮市生まれ。2003年、名古屋大学医学部医学科卒。2003年、国立国際医療センター（現、国立国際医療研究センター）臨床研修医。当初外科を志すが、その後放射線科医（画像診断）の道へ。専門は乳房画像診断。横浜市立大学にて博士（医学）取得。放射線診断専門医、核医学専門医、日本乳癌学会認定医。2017年に大学を辞しフリーランスとなり、神奈川県や東京都の複数の病院に勤務の傍ら、自宅でも遠隔画像診断を行う。同時期より、各種ウェブ媒体に、幅広く医療記事を執筆。一般の方々の医療リテラシー向上に貢献するべく活動中。日本医学ジャーナリスト協会会員、アメリカヘルスケアジャーナリスト協会会員。著書に『自身を守り家族を守る医療リテラシー読本』（翔泳社）、『エビデンス（科学的根拠）の落とし穴』（青春新書インテリジェンス）がある。

第７章

医療

PROFILE

「医療情報」協力

西川隆一

（にしかわ・りゅういち）

がんパーソナル薬剤師代表。薬剤師として総合病院に勤務し、日本医療薬学会がん専門薬剤師、日本緩和医療薬学会緩和薬物療法認定薬剤師、日本臨床栄養協会NR・サプリメントアドバイザーを取得。病院で多くのがん患者さんと接する中で、限られた環境における患者サポートに限界を感じ、2020年独立。保険薬局と在宅医療に従事しながら、SNSを通した情報発信やアプリケーション開発など、がん患者さんを多面的にサポートする事業を展開中。

医療情報のリテラシー

69 上手に医師に症状を伝えるには5W1Hで

病院に行ったとき、重要なのは医師への「伝え方」です。機械的に診察されたり、患者さん側があまり話せなかったりすると「あの医者は話を聞かない」「冷たい医者だ」などと感じる場合もあるかもしれませんが、病院は混んでいることも多く、医師が十分に話を聞く時間をとれないケースもあるのが現状です。

もちろん、医師や看護師が、患者さんの話を十分に聞き、十分な情報を得た上で診断や治療法の決定ができるのが理想です。しかし場合によっては、医師が短い診察時間の中で患者の症状を把握し、考えられる病気を推察し、適切な検査を出し、説明をしなければならない場合もあるでしょう。

医師にわかりやすく症状を伝えるにはどうすればいいのでしょうか？

公式にこれといった決まりがあるわけではないのですが、次のように、５Ｗ１Ｈで伝えるようにするとわかりやすいでしょう。WHO（誰が）。WHAT（何が）。WHERE（どこが）。WHEN（いつから）。WHY（原因は）。HOW（どのように）です。


WHO（誰が）・・・子どもなのか、親なのか、自分のことなのか。

WHAT（何が）・・・一番メインの症状は何か。熱か、鼻がつまるのか、咳なのかなど。

WHERE（どこが）・・・頭痛といっても頭のどこが痛いのか（前なのか後ろなのか）。腹痛であればお腹の下のあたりなのか、みぞおちあたりが痛いのか。

WHEN（いつから）・・・昨日の夜からなのか、1週間前からなのか。また、動いたときに痛いのか、食後に痛むのかなど、痛むタイミングについても。

WHY（原因は）・・・「生モノを食べた」「お酒を飲みすぎた」など思い当たる原因はあるか。

HOW（どのように）・・・どのような症状なのか。たとえば、痛みなら、「チクチクする」のか、「どーんとした鈍痛」なのか、「キリキリした痛み」なのかを具体的に。

特に「いつから」「どのように」は診断で大事な要素で、「どんなふうに痛みを感じているのか」を、医師は患者から出てきた言葉をそのままカルテに書く場合もあります。この5W1Hをもとに順を追って伝えたあとで、気になったことを付け加えて話すようにすると多くの場合は伝わりやすいのではないでしょうか。

また病気やケガは、あくまでも出ている症状から客観的に判断するものです。以前まったく同じ症状があった場合などを除いては、「○○だと思うんです」などと自己診断はしないほうが無難でしょう。

なお、伝える努力をしているにもかかわらず医師に話が伝わっていないと感じる場合、自分が伝えたいことや、医師への質問を紙に書いて渡してみるのも1つの方法です。

大きく疑問を感じる場合、特にがんなどの重病の場合は、遠慮なくセカンドオピニオンを受けてください（このときセカンドオピニオンを拒否する医師は、少なくとも不適切だと言えるでしょう）。

慢性病でずっとかかるような場合には、かかりつけ医を決めたら、かかり続けるのが理想です。しかし、医師と患者にも相性があります。基本的には、簡単に変えるべきではないものの、どうしてもうまくいかないと感じる場合は、かかりつけ医の変更などを考えるのもやむを得ないでしょう。

まとめ

症状を５Ｗ１Ｈで説明する理由

限られた診察時間の中でも医師に症状が伝わりやすくなるため

医療情報のリテラシー

70 かかりつけ薬局も重要である

かかりつけの病院が重要であると293ページで伝えていますが、病院だけではなく、「かかりつけの薬局」を持っておくことも「よりよい医療を受ける」という意味では重要な要素です。

そもそも薬剤師とは、あらゆる薬剤の調剤・販売を許されたプロフェッショナルです。単純に処方箋を渡して薬をもらうだけではなく、「食事や他の薬との飲み合わせは大丈夫か？」といった相談に乗ってもらうこともできます。

知識やモラルのある薬剤師であれば、重複処方をされている場合や、不適切な薬が出ている可能性がある場合は指摘をしてくれることもあり、病院や医師ではカバーできない医療情報を教えてくれることもあります。

また、地域で古くからやっている薬局などでは近隣の病院に詳しく、どんな症状があればどこを受診するのがいいのか、できる範囲で教えてくれることもあります。

薬局によっては管理栄養士がいて栄養面でのアドバイスを行ったり、禁煙サポートを行ったりするなど、地域密着型のサポートをしていることもあります。

基本的には病院の近く、あるいは病院に備わっている薬局を利用することが多いとは思いますが、選択肢があるならば、薬局を選び、主にかかる薬局を決めておくといいでしょう。

ただ、基本的にはお薬手帳を持って行けば、どこの薬局でも情報は共有することができるので、処方箋を持って行くときには、お薬手帳を忘れないようにしましょう。

まとめ

かかりつけ薬局が重要である理由

内服の管理は重要で、病気の情報をおぎなってくれることもあるため

医療情報のリテラシー

71 薬を「途中でやめる」「勝手に飲む」はやってはいけない

薬についてもう1つ知ってほしいのは、「飲み方」についてです。**特によくないのが「もらった薬を医師の許可なく途中でやめる」「家族がもらった薬を流用する」「もらった薬をとっておいて、あとで医師への相談もなく飲む」**といったものです。

通常、薬は患者さん本人の病状にあわせて必要があって出されているものです。血圧の高い人であれば降圧薬が出ますし、糖尿病の人であれば血糖を下げる薬が出ます。こういった薬を「飲みたくないから」という理由でやめてしまうと、高血圧の方であれば、脳出血という合併症を招いてしまう可能性があります。また、親族がもらった薬や本人がもらって何らかの理由で余った薬を、あとで医師に相談せず飲むこともよくありません。

「もらった薬を途中でやめる」ことに関しては、抗生剤が特に問題になります。

というのも、近年は「耐性菌」の危険性が叫ばれており、従来の薬剤が効かなくなってしまった菌やウイルスが次々と出現しているのです。

２０１６年のイギリス政府の報告書（Jim O'Neill, "Tackling drug-resistant infections globally: final report and recommendations", 2016）によると、２０５０年に耐性菌が原因で亡くなる人は１０００万人を超えるだろうと予想されています。１０００万人というのは、報告書で予測されたがんによる死亡者数よりも多い数字です。

この耐性菌を生み出してしまっている大きな原因が「抗生剤を途中でやめてしまう」あるいは、「不適切な抗生剤の処方」なのです。

菌やウイルスが死滅しきる前に飲むのをやめたり、あるいは中途半端に飲んだりすることで菌やウイルスの遺伝子に変異が起こり、耐性を獲得してしまいます。

耐性菌を退治するには新しい薬剤を開発する必要があるのですが、新薬を作るのは簡単な話ではなく、基本的に数年がかりになるものです。開発している間にも耐性菌が増え続け、さらに進化を遂げてしまう可能性もあります。

特に知っておいてほしいのは、**風邪のときには抗生剤を服用しないほうがいいということです。なぜなら、そもそも風邪に抗生剤は効かない**からです。

以前、開業医などが風邪に対して必要もないのに抗生剤を処方するケースがあり、これが耐性菌の出現に影響を与えていると言われてきました。

必要があって抗生剤を処方された場合は、途中でやめずに最後まで飲んでください。個人の健康のためにも、おおげさではなく人類全体のためにも、大切なリテラシーです。

また「薬はコップ1杯の水・またはぬるま湯で飲むように」と言われますが、これも基本的には守ってほしいルールです。

たとえば緑茶、コーヒーや紅茶などのカフェインが入った飲み物、ジュースや牛乳、炭酸飲料などは、服用する薬剤によっては薬剤の相互作用・消化管からの吸収への影響により、薬効が変わることがあります。

これらの飲料で飲んでも問題がない薬もありますが、自己判断は危険なので、「ただの水かぬるま湯」をおすすめします。最悪なのはアルコールで、糖尿病の薬の場合には低血糖を起こしやすくなる、精神安定剤などでは薬が効きすぎてしまうなど、直接健康を害する原因にもなります。

また、水が足りないと薬が十分に溶けない・食道などに張りつくことなどがあるので、「水なし」や「少なすぎる水」も避けてください。理由があって水以外の飲料で飲みたい場合には、自己判断せず薬剤師に相談しましょう。

まとめ

薬を許可なくやめたり、勝手に飲んだりしてはいけない理由

薬は必要があって出されているため。

また、抗生剤は耐性菌が問題になっているため

医療情報のリテラシー

72 ○○医師推薦の商品には手を出さない

ネットの広告や通販などで医師や学者などの推薦がついた商品を見かけないでしょうか。「脂肪が落ちる」や「目がよくなる」などのふれこみで、健康補助食品やビタミン剤など様々ですが、このような商品の効果はどうなのでしょうか？

結論から言うと「信頼性の低い商品」だと言えます。

そもそも、きちんとした審査を経て承認され、保険適用となった薬剤は権威などを使って宣伝する必要がありません。

むしろ、**薬品に対して「権威による推薦」や「ビフォー・アフター」などを掲載するのは、「薬機法」「医療法」の広告規制（誇大広告などの禁止）に違反しているとみなされます**。近年はネットの広告でも誇大広告規制が適用されることになり、原則的には不適切な広告はできないことになっています。

しかし、それでも取り締まりの網の目をくぐって不適切な広告が掲載されている例があとを絶ちません。ですから、一般の方でも、自分の目で見分ける必要があるのです。

医療で重視されているのは「科学的根拠（エビデンス）」です。

薬をはじめとした治療法が、どの程度効果が証明されているかをはかるものさしとなるのがエビデンスです。

エビデンスには段階があり、「エビデンスレベル」と呼ばれています。エビデンスには1〜6までのレベルがあり、1が最高、6が最低です。

次の図にあるように、「権威であっても、データに裏打ちされない個人的な意見」は、エビデンスレベルは低いと考えられますし、「動物実験での効果」は、さらにそれよりも信頼性が低いと考えられています。

ですから、健康食品などの広告にどこかの学会や大学の名誉教授など「権威のありそうな人」の名前が推薦者として挙げられていたとしても信用できるわけではないのです。

むしろ、権威を使わなければいけないという時点で、効果は微妙なものだと考えてください。医療的な効果を期待してはいけません。

時には、「がんに効く〇〇」のような商品が高額で売られていることもあります。そう

■医療でのエビデンスレベル

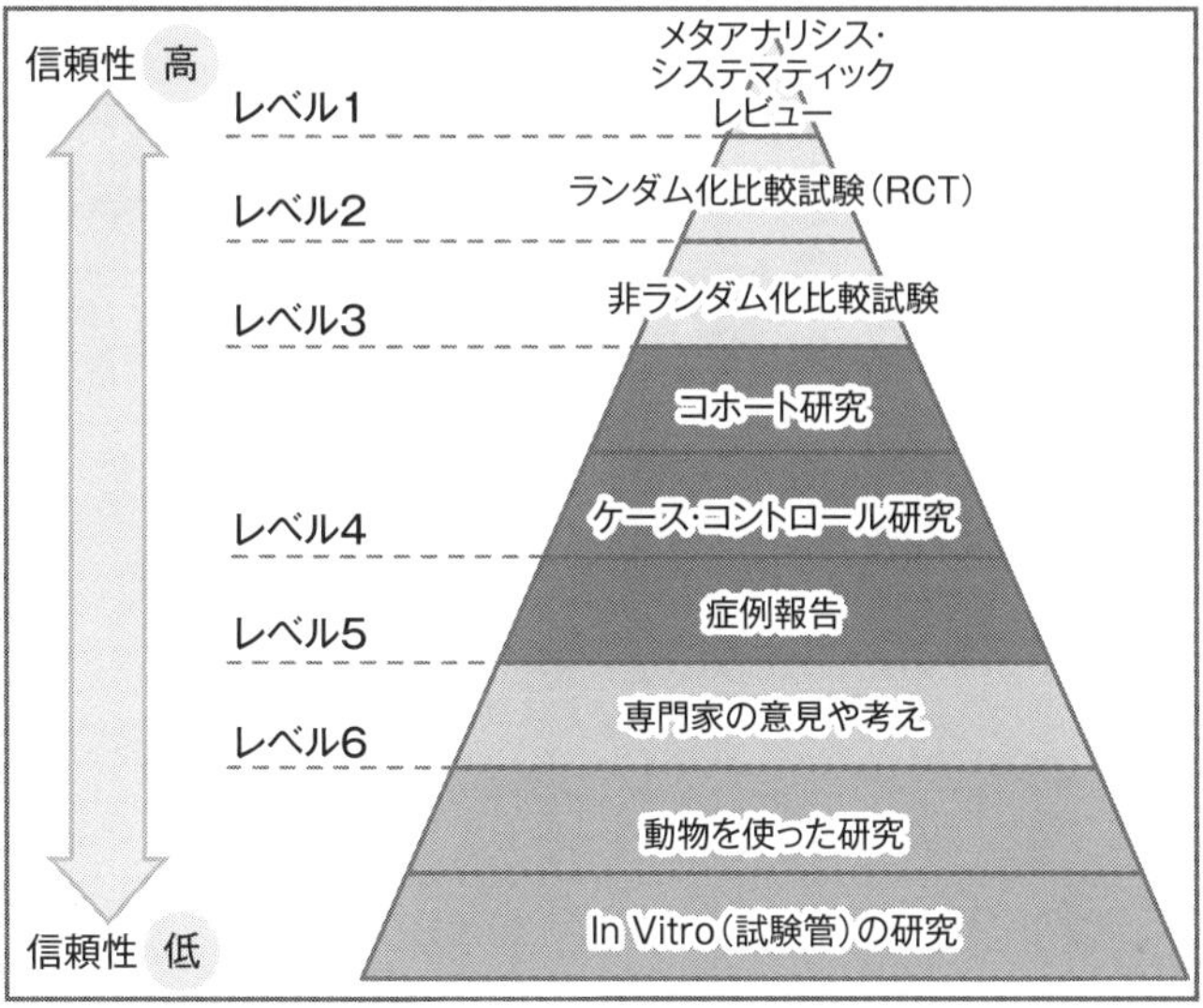

いった商品に通常効果があることはないので、おすすめはできません。

　しかし、場合によっては「わかってはいるけれど、気持ちが楽になるから」などの理由で服用したいということもあるでしょう。

　そのような場合は、商品にがんの治療に影響を与えかねない成分が入っていることもあります。

　必ず医師に相談して、「このようなことを試していますが、治療に問題はないでしょうか」と確認をしておくことをおすすめします。

　医師も、治療に悪影響がなければ頭ごなしに否定することはせず、相談に応じてくれることが多いでしょう。

がんの治療は、現代においては「標準治療」が、がんの種類ごとに最適な治療となります。ですので、まずは必ず「標準治療」を受けるようにしてください。

また、未承認薬を用いた免疫療法など、保険適用外のがん治療をしているクリニックも増えていますが、実態は様々です。そのような治療に興味がある場合にも、必ず主治医に相談をし、独断では決めないようにしてください。

まとめ

○○医師推薦の健康食品などを購入しないほうがいい理由

「権威による推薦」は、医療においてはガイドライン違反。効果も期待できない

医療情報のリテラシー

73 SNSやニュースで「見たい意見」だけ探してはいけない

ネットという情報がオープンな世界ができたことで、好きな情報を好きなように、好きなときに取り入れることができるようになりました。

ところが、そのような開放的な世界であるにもかかわらず、**近年問題になっているのが「エコーチャンバー」という現象です。**

これは、閉鎖的なコミュニティの中で特定の信念・意見が増幅されていってしまう現象で、SNSなどの影響によって起きやすくなっています。

たとえば「予防接種は危ないらしいから受けない」「この病気には○○が効くらしい」といった真偽不明の情報が、実際には世の中の少数の意見でも、閉鎖的な空間の中で、日々そのような情報ばかり目にしていると「みんなそう思っているのではないか？」と感じやすくなってしまうのです。何度も情報が繰り返されることで、次第にそれが真実のように感じてしまいます。特に「陰謀論」のような話は拡散しやすく、不安感から信じてしまう人も少なくありません。

問題なのは、間違った情報・間違いである可能性が高い情報について日頃から繰り返し調べていると、間違った情報が集まりやすくなってしまうことです。これは、検索エンジンが個人によって最適化されているためです（パーソナライズド検索と言います）。これは特定の個人のもとに配信されるニュースにも影響してきますし、ＳＮＳなどで追っている情報も同様です。

たとえば、ツイッターでは「予防接種は危険で、危険なものを広めようとするのはワクチン会社の陰謀だ」というような真偽不明な話も、簡単にリツイートして拡散することができます。ツイッターでは、どうしても自分と似た意見の人をフォローしやすく、似たような意見の人たちでコミュニティが形成されてしまう傾向があり、そのようなコミュニティで同じような情報が繰り返しリツイートされ、増強されると、それが真実だと誤認してしまいます。

真偽不明の情報に共感・同調してしまうのは危険です。「自分と似た意見」を探して、安心を求めてはいけません。

■同じ情報が繰り返されると増強される

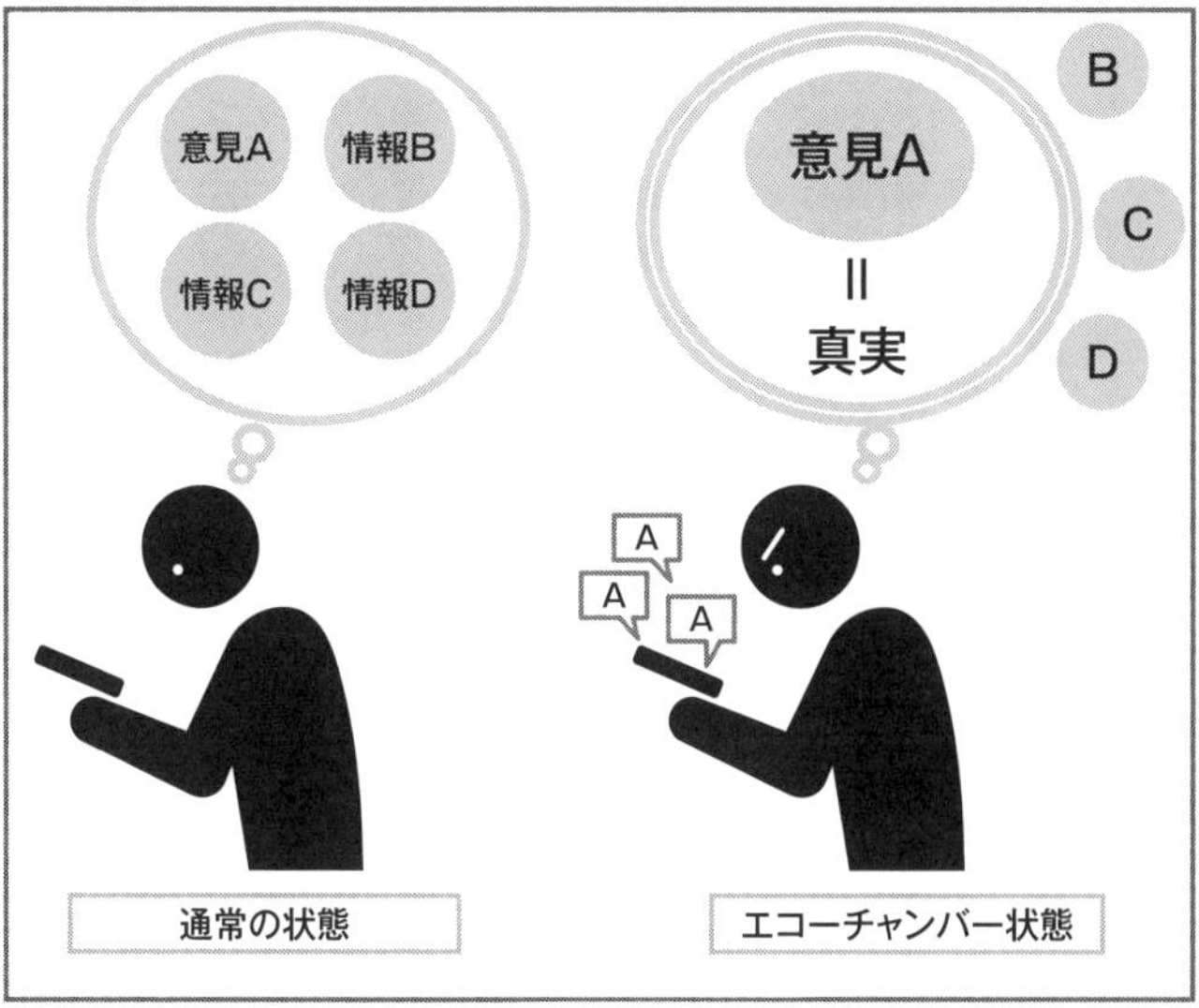

特に医療のように生死にかかわることについては、「情報ソース」を重視してください。

「〜と誰かが言っていた情報」ではなく、「大本の情報はどこなのか」がポイントです。

ニュースも一次情報ではなく加工されたものです。

つまり、発信者によって解釈された情報であることに注意してください。

あるメディア・ある人はこういう意見だったが、他ではどうだろう？　と比較をすることや、正反対の意見にも目を向けるようにしたほうがいいでしょう。

情報源としてもっとも信頼できるのは公的機関の情報で、基本的には専門家が吟味した情報が掲載されています。ニュースやSNSで流れてきた情報の真偽を確かめたいときは、公的機関の発信する情報を確認してみてください。

うわさ話と同じで、センセーショナルな話題はつい共有したくなるかもしれませんが、確証の持てない情報、出どころがわかっていない情報については、共有・拡散をしないことをおすすめします。ネットでは、いったん拡散されてしまうと、あとで削除したとしても情報の受け手には強烈な印象が残ってしまい、不正確な情報がいつまでも影響を与えてしまうことがあります。

まとめ

見たい意見だけ探してはいけない理由

特定の情報が反復強化され、真実のように思えてしまうため。

情報は幅広くとること

第7章

医療

PROFILE

「がん」監修

明星智洋

(みょうじょう・ともひろ)

江戸川病院腫瘍血液内科部長。プレシジョンメディスンセンター長。東京がん免疫治療センター長。MRT株式会社社外取締役。1976年岡山県生まれ。高校生の時に、大好きだった祖母ががんで他界したことをきっかけに医師を目指し、熊本大学医学部入学。その後、医師国家試験に合格。岡山大学附属病院にて研修後、呉共済病院、虎の門病院、癌研有明病院にて血液悪性腫瘍およびがんの化学療法全般について学ぶ。その後2009年より江戸川病院にて勤務。血液専門医認定試験合格、がん薬物療法専門医最年少合格。専門は、血液疾患全般、がん薬物療法、感染症管理。昨今、がん治療の専門家ではない人による「正しくない(古い、もしくは事実誤認やあまりにも主観的な)情報」が多い現状を危惧。現場と最新の医療情報を知る医師の観点から情報を発信している。

74 がん専門医が考える「受けるべき」がんの検査と「受けなくていい」がんの検査

「2人に1人はがんになる」とまで言われていますが、がんにまつわる情報は様々です。ここでは、がんについてのリテラシーを考えていきましょう。

そもそもがんとは、細胞の暴走による病気です。人間は誰もが「がん遺伝子」を持っており、この遺伝子に異常が起きるとがん細胞が増殖し、身体のあちこちに悪影響を与えるようになります。胃にできれば胃がん、筋肉にできれば肉腫、血液の成分ががんになる白血病など、その性質もあらわれ方も様々です。

がんは遺伝が関係すると考えている人も多いのですが、**遺伝的ながんというのは極めて限定的で、ほとんどが生活習慣によるものです。**家族で同じがんになることがあるのは、食習慣・生活習慣が似てしまうからだと考えられています。

がんに関してとにかく重要なのは「早期発見・早期治療」です。早く見つけ、適切な時期に治療できれば身体への負担は最小限で済ませられるのですが、病院嫌いによって気づいたときには手遅れ、ということも少なくありません。
そこで、ここではまず検診の仕方について紹介していきましょう。必要な検診と、そうでない検診について紹介します。まずは、推奨したい検査についてです。

〈受けるべきがん検診の種類〉

1　胸部CT
2　腹部超音波検査
3　胃カメラ
4　大腸カメラ（できなければ、便潜血検査）
5　血液検査
6　腫瘍マーカー（CEA、CA19－9、SCC、男性はPSA）
7　女性の場合は乳がん、子宮頸がんの検査

まず、胸部CTで肺に腫瘍などがないかのチェックを行います。放射線被ばくが心配な

方は、「低線量CT」といって、通常のCTと比較して被ばく量が10分の1程度に抑えられる検査もあります。

腹部に対しては、腹部超音波検査をおすすめします。ただ、お腹の脂肪が多い方やガスが多い方は、うまく検査ができないこともあります。そのような場合は、CTで腹部の臓器のチェックを行います。

ただし、胃腸の内部は、CTや超音波検査では、見づらいので、できれば胃カメラや大腸カメラをおすすめします。

6つ目の「腫瘍マーカー」は血液検査の一種なのですが、がんがあると特殊なタンパク質や酵素ができることがあり、その数値をチェックできる検査です。

種類が非常に多いのですが、胃がん、大腸がん、すい臓がんなどに対応しているCEAやCA19‐9がベーシックなものになります。余裕があれば、肺がんや食道がんなどに対応しているSCC、さらに男性の場合は前立腺がんに対応しているPSAがおすすめです。女性の場合には乳がんと子宮頸がんの検査を行い、経過を見ておくと安心です。

これらを1年に1度、かかりつけの病院などで受けておき、医師に「毎年の変化」を見ておいてもらうと早期発見につながりやすくなります。

反対に、受けなくてもいい検査についてですが、

〈「受けなくてもいい」検査〉

・胸部レントゲン検査
・胃バリウム検査
・PET検査

これらは検診として十分でなく、むしろ悪影響の場合もあります。

まず胸部レントゲンでは1センチ以下の腫瘍を見つけることが難しく、特に心臓や横隔膜に隠れた腫瘍の見落としも多くなります。コスト的に割高にはなりますが、可能であればCTを利用したいところです。

また、胃バリウム検査もちょっとした泡がポリープやがんに見える場合があり、異常があればいずれにせよ胃カメラを飲むことになります。放射線技師によって検査の精度にも差があり、見落としの可能性もあるので、最初から胃カメラを選んだほうが安心でしょう。

最後のPET検査は、ブドウ糖代謝の指標となるFDGという薬を用いて、がんの有無

を見ていく検査方法です。がん細胞は増殖するときに糖分を多く取り込もうとするので、その性質を利用した検査になります。近年人気を集めているのですが、**この検査は本来、すでにがんと診断された人が、がんの広がりを調べ、ステージを決めるときに使われるものです**。そのため、精度としてそこまで高いものではなく、1センチ以下の腫瘍や、もともと糖分を多く取り込んでいる脳や心臓、血流の多い腎臓、膀胱《ぼうこう》などにがんがあっても見つけられません。「PET検査を健常者が利用しても、がんの発見率は1%以下である」とアメリカの核医学・分子イメージ学会は伝えているほどです。

さらにデメリットとして、被ばく量が多い、進行が遅いがんを見つけてしまって過剰治療につながる、といった問題もあり、検診は基本的におすすめできません。

なお、もしも日常で次のような症状があった場合には、定期検査を待たずに近くの医師に相談してみてください。

□ダイエットをしていないのに、直近3ヶ月で体重が10%以上落ちた場合
□37度5分以上の発熱が続く、毎晩大量の寝汗をかく場合
□便が黒くなった、急な便秘、便が急に細くなった、血が混じっているなどの場合

□爪がそってスプーンのようになっている、下のまぶたの裏が白い場合（貧血の疑い）
□咳が長引き、血痰が出る場合
□口臭が以前よりきつくなった場合
□舌のひだひだがなくなった、口内炎や舌炎がなかなか治らない場合
□急に血糖値が上がり、糖尿病と診断された場合
□皮膚が急に黒ずみだした、まぶたが腫れているなど、皮膚の状態が変化した場合

がんができると、「腫瘍熱」という発熱症状が起きたり、腫瘍部から出血して血便が出たり、貧血症状が出たりします。また内臓の働きに異常が出て、急にやせる、急に血糖値が上がる、肌に異常があらわれる、といったこともあるのです。

「何かいつもと違う」と感じる症状があれば、必ず受診するようにしてください。

まとめ

定期検査が重要な理由

がんは早期発見・早期治療が重要。年に1回の定期検査をしっかり受ける

75 免疫療法のように最先端の治療が一番いいわけではない

続いては、がんの治療についてです。

がんの標準治療は、手術・化学療法（薬剤）・放射線に分かれ、何を使うかはがんの種類やステージ、また医師の得意分野によっても異なってきます。

がんのステージはⅠからⅣまでの4段階あり、たとえばステージⅠのがんなら手術で腫瘍を切除するだけの場合も多いのですが、ステージが進行してくると抗がん剤や放射線を組み合わせての治療になっていきます。肺がんなどの場合、抗がん剤でまず腫瘍を小さくして、切除する範囲を最小限におさえるという方法もあります。

このように治療法の選択肢は幅広く、患者側も「どのような方法があるのか」を知っておくことは、ベストな治療を考える上で重要になります。

特に近年は化学療法の進歩がめざましく、従来の抗がん剤では悪性腫瘍も正常な細胞も一緒にたたいてしまっていたところを、「分子標的薬」という悪性腫瘍だけをピンポイントでたたける薬剤ができ、治療の選択肢も広がっているのです。

ただし、薬剤の種類が増えてきたことで、それらを「適切に扱える医師」が少ない、ということが課題にもなっています。

また、分子標的薬のような新しい薬剤は薬価の設定が非常に高く、１日数万円かかることも珍しくありません。保険適用であれば高額療養費制度が使えますが、多用されれば国の医療費を圧迫することにもつながります。

人間の免疫機能を利用した「免疫療法」も注目を集めています。たとえば免疫チェックポイント阻害薬であるニボルマブ（商品名：オプジーボ）の治療も保険が一部のがんにしか適用されなかったり、効果があらわれるまでに時間がかかるので、急速に大きくなっているがんには効果発現が間に合わないなど、決して万能な治療なわけではありません。

中にはエビデンスのない薬剤を組み合わせるなど、信頼性に欠ける治療を行っているクリニックもあるので、「先進的な治療法」「代替医療」については慎重に考えていかなければなりません。

「Journal of the National Cancer Institute」（２０１７年）に発表された論文では、代替医

療を選んで標準治療をしなかった人が5年以内に死亡するリスクは、標準治療を受けている人と比べて5・7倍という結果もあります。

いきなり飛び道具に頼るのではなく、早期発見を行い、標準治療で治していくほうが確実性は高いのです。**現在の医療では、固形がんの場合はステージⅠ〜Ⅲまで、血液がんの場合にはステージⅣでも治せる可能性があります。**

なお、このような最新の治療法について知りたいときには「がん薬物療法専門医」の資格を持つ医師が候補として挙がります。専門医資格の中でも最難関と言われる資格で、資格の取得・保持には幅広い経験と知識が必要になります。日本臨床腫瘍学会のホームページから名簿を検索することができるので、必要に応じて利用してみてください。

まとめ

最先端の治療が一番いいわけではない理由

効果のある場面が限られるなど、万能ではないため。
怪しいクリニックにも注意

がんのリテラシー

76 がんの専門病院がベストな選択とは限らない

本来、医療はどこで受けても平等であることが理想ですが、病院の設備、医師などによって受けられる治療や判断が違ってくるのが現実です。

大学病院やセンター病院では設備が充実していますが、試験的に新しい薬を薦められる可能性も高くなります。一方、市中病院では使える薬剤や設備に限りがあり、治療方針がそもそも限られている場合もあるでしょう。さらに主治医によっても、医師がやりなれている治療法、使い慣れている薬を使う傾向は高くなります。

完璧を求めればキリがないのですが、最低限納得した上で治療を受けたいところです。ここでは、病院や医師の選び方のポイントについて紹介します。

〈病院選びのポイント〉

1 手術での治療では、手術の「症例数」の多い病院

2 化学療法、放射線治療がメインになる場合は自宅から近い病院

3 生活習慣病や心血管疾患などの合併症がある場合は総合病院や市中病院

4 可能であればキャンサーボードが設置されている病院

まず、がんの発見が早く、手術での治療をメインにするという場合には、手術の腕のいい病院を選ぶことが重要です。参考になるのは手術の症例数が多い病院で、これは「病院情報局」のホームページから閲覧することができます。

2つ目は、化学療法や放射線治療がメインになる場合には定期的に通う必要があるので、できるだけ自宅から近い病院で、身体に負担をかけないようにしたほうがいいでしょう。

3つ目は、腎臓に持病があって透析をしているなど、合併症がある場合にはその病気もあわせて診てもらえる病院を選ぶことです。

特にがんの専門病院では透析の設備がない場合も多いので注意が必要です。また、抗が

ん剤は臓器に負担をかける場合もあるので、他に持病がある場合は総合病院や市中病院をおすすめします。たとえば治療中に心臓にトラブルが起きた場合などは、循環器内科での専門的対応が必要になることもあります。がんの専門病院には循環器内科がない場合もありますので、事前の確認が必要です。

4つ目はキャンサーボードの有無についてで、キャンサーボードとは、分野の異なる複数の医師が患者の治療方針を決めるシステムです。設置されている病院は限定されますが、治療方針に偏りが出づらくなるので非常におすすめできます。

以上のような点をふまえて病院を選んでいきたいのですが、選んだ病院で受けている治療に納得できない、あるいは医師の治療方針に納得できないというときには、セカンドオピニオンを求める選択肢もあります。

セカンドオピニオンを求める際のポイントは、**現在の主治医の得意分野・治療方針の異なる医師の話を聞くことです**。

たとえば、主治医が外科医であった場合には、腫瘍内科医や放射線治療医、また場合によっては緩和ケア医にアドバイスを求める方法もあります。

セカンドオピニオンを求める場合には、まず主治医にその旨を伝えて、意見を聞きたい医師に連絡を入れてみてください。

注意点としては、セカンドオピニオンは自費診療になり、価格も病院によって様々です。30分数千円から10万円という場合もありますので、価格は必ず確認しておきましょう。

またもう1つ、**セカンドオピニオンを求めるとしても2~3人に留め、決定までに何ヶ月もかけないようにする**ことです。その間に病状が進行しては本末転倒です。

まとめ

がんの専門病院がベストでない理由

合併症があるなら総合病院がいいなど、条件によるため。

キャンサーボードは推奨

第8章

介護

親と自分の老後のリテラシー

監修 太田差惠子
（介護・暮らしジャーナリスト）

LITERACY
ENCYCLOPEDIA

第８章

介護

PROFILE

「介護」監修

太田差恵子

（おおた・さえこ）

介護・暮らしジャーナリスト。京都市生まれ。1993年頃より老親介護の現場を取材。「遠距離介護」「仕事と介護の両立」「介護とお金」などの視点で執筆、講演。AFP（日本ファイナンシャル・プランナーズ協会認定）の資格も持つ。1996年「NPO法人パオッコ〜離れて暮らす親のケアを考える会〜」を設立し理事長に。2012年、立教大学大学院21世紀社会デザイン研究科修士課程修了。主な著書に『親が倒れた！親の入院・介護ですぐやること・考えること・お金のこと』『子どもに迷惑をかけない・かけられない！60代からの介護・お金・暮らし』（共に翔泳社）『親の介護で自滅しない選択』（日本経済新聞出版社）など。

親と自分の老後のリテラシー

77 介護離職をしてはいけない

親が倒れたときには、仕事をやめて介護しなければ、と考えている人がいるかもしれません。

ですが、介護離職は原則としておすすめできません。理由は様々ですが、**離職してしまうと再就職が難しくなり金銭的に疲弊。さらにはそれらのストレスから精神的、肉体的に追い詰められる場合が多々ある**からです。介護うつになってしまう人も少なくありません。

介護離職から転職した人のうち、その転職先が正社員である割合は男性では3人に1人、女性では5人に1人という調査結果があります。所得については、男性では平均4割減、女性では平均5割減となっています（2014年、明治安田生活福祉研究所・ダイヤ高齢社会研究財団調べ）。

自身の老後の蓄えも必要です。身を削りながら介護を行わなくてもよい方法を検討することをおすすめします。

とは言え、突然親が倒れると、病院の付き添いや介護保険の申請その他、やらなければならないことが多く途方に暮れるかもしれません。仕事を辞めないためには、会社員であるなら「介護休業制度」を確認してみてください。

介護休業制度は、対象家族1人につき通算93日まで、3回を上限として会社を休むことができる制度です。育児・介護休業法で定められています。企業によっては、法定よりも長く設定しているところもあります。

間違ってはいけないのは、休業する期間は自分で介護を行うための期間ではなく、「介護する体制を整える期間」として位置づけられているということです。親の介護は93日で終わるものではありません。数年、長いと数十年に及ぶこともあります。サービスを採り入れ、自分が不在でも介護が滞らない体制を作りましょう。

ほとんどの企業では介護休業中は無給です。ただし、雇用保険から「介護休業給付金」として賃金の67%が支給されるので勤務先の総務や人事に問い合わせてください。

この介護休業制度は、取得率が数%程度と非常に低いです。一方で、介護離職を選ぶ人は2017年には9万9000人にもなっています（就業構造基本調査）。法律で認められている制度なので、「会社に申し訳ない」とは思わず、まずは相談してみましょう。

この制度の中には、93日の休業のほか、対象家族1人の場合1年度に5日まで、2人以上の場合は10日まで時間単位で取得可能な「介護休暇」や「短時間勤務制度」などもあるので、状況に応じて利用するといいでしょう。

介護は使える制度を探し、決して自分だけで抱え込まないことが大切です。

まとめ

介護離職をしてはいけない理由

再就職の条件が非常に厳しくなり、自身の老後にも影響が出てくるため

78 右も左もわからないとき、まずは「地域包括支援センター」に相談する

親の介護で悩む人が多いのは、「そのときになるまで知らないことばかりだから」です。介護保険制度をはじめとして、周辺の制度や情報は複雑でわかりづらいと言えます。

そんなとき、まず誰に相談すればいいのでしょうか?

ぜひ、「地域包括支援センター」に相談してください。地域包括支援センターは、社会福祉士、保健師・看護士、主任ケアマネジャーなどの資格を持つ職員が無料で相談に乗ってくれる公的な機関です。おおむね中学校区に1ヶ所あり、住所地ごとに管轄が決まっているので、親の暮らす地域を管轄するセンターに問い合わせをしてみてください。ネットで調べるか、役所に問い合わせれば教えてくれます。センターで対応が難しいことでも、適切な窓口につないでくれるはずです。

本格的な介護が必要になってから相談するところだと思っている人もいますが、「介護

要介護度による身体の状態の目安

軽度	要支援1	日常生活を送るための基本的な能力はあるが、要介護状態にならないよう一部支援が必要
	要支援2	立ち上がり、歩行が不安定。排泄や入浴などで一部介助が必要だが、身体の状態の維持、または改善の可能性がある
	要介護1	立ち上がりや歩行が不安定。排泄・入浴などで一部介助が必要
中度	要介護2	自力での起き上がりが困難。排泄、入浴などで一部介助が必要
	要介護3	自力での起き上がり、寝返りができない。排泄、入浴、衣服の着脱などで全介助が必要
重度	要介護4	日常生活能力の低下が見られ、排泄、入浴、衣服の着脱など多くの場面で全介助が必要
最重度	要介護5	介護なしに日常生活を送ることがほぼ不可能な状態。意思伝達も困難

参考『親が倒れた! 親の入院・介護ですぐやること・考えること・お金のこと 第2版』（翔泳社）

保険を利用するほどでもないけれど、少し心配になってきた……」というような場合もコンタクトしてOKです。

親が遠方で暮らしており、すぐには行けないなら、資料を郵送してもらえないか問い合わせてみましょう。介護保険や自治体が独自に行うサービスなどについても詳しく書かれています。資料が手元にあれば、「○ページのこのサービスはどうしたら使えますか？」と電話での問い合わせもスムーズです。

原則、介護保険の申請は本人か家族が行うのですが、代わりに行う「代行申請」も無料で依頼できます。

なお、親が倒れたといってもただちに

1ヶ月あたりの在宅サービス費の利用限度（公的介護保険）		
要介護度	支給額限度	自己負担（1割の場合）
要支援1	50,320円	5032円
要支援2	105,310円	10,531円
要介護1	167,650円	16,765円
要介護2	197,050円	19,705円
要介護3	270,480円	27,048円
要介護4	309,380円	30,938円
要介護5	362,170円	36,217円

所得の多い親は2割、一部の親は3割負担になる

1単位＝10円として計算

介護保険のサービスが使えるわけではありません。まず申請をして、介護が必要かどうか、必要ならばどの程度の介護が必要なのかを認定する「要介護認定」を受ける必要があります。1時間程度の聞き取り調査と、主治医の意見書をもとに各市区町村が決定します。

聞き取り調査では、「椅子やベッドに座った状態から自分で立ち上がれるか」「外出して戻れなくなることはないか」など、全74項目で質問されます。

結果は、原則申請から30日以内に通知されます。「要支援1～2」「要介護1～5」の7段階に分かれます（支援や介護を必要としない「非該当」となるケース

もあります）。

注意点として、調査には必ず家族が付き添ってください。親世代は遠慮やプライドから何でも「問題ない」「できます」と答える傾向があるからです。できないことをできると答えている場合は、親の心を傷つけないよう親の見えないところで本来のようすを調査員に伝えましょう。

「要介護認定」は極めて重要で、その度合いによって利用できるサービスの限度額が変わってきます。低く出てしまうと、本来使えるサービスが使えない、ということにもなりかねません。

明らかに低い認定結果になったと感じたら、各都道府県に設置されている「介護保険審査会」に不服申し立てを行うこともできます。

しかし、結果がでるまで時間がかかるため、別の方法として「区分変更」を利用するケースが一般的です。これは、認定調査の更新期間（3～36ヶ月程度）を待たずに、心身の具合が変わった場合に認定調査を行うものです。

こうして「要介護度」が決まったら、ケアプラン（介護サービス計画書）を作成するのが基本的な流れとなります。ケアプランは自分たちでも作成できますが、通常、「要支援」の場合は地域包括支援センターで、「要介護」の場合はケアマネジャーに依頼します。

まとめ

地域包括支援センターに連絡が必要な理由

介護は直面しないとわからないことばかりで、専門的なアドバイスをもらう必要があるため

親と自分の老後のリテラシー

79 介護者にも配慮ある相談しやすいケアマネジャーを選ぶ

介護で非常に重要になってくるのが、ケアマネジャーの存在です。ケアマネジャーは介護保険法に規定された公的資格で、略して「ケアマネ」と呼ばれています。介護や医療、福祉の専門職として5年以上の実務経験があるベテランです。

ケアマネジャーはケアプラン作成が主な業務で「どんなサービスをどの事業所から、いつ・どれくらいの時間受けるか」を考え、利用者の負担額の計算なども行います。たとえばホームヘルプサービスやデイサービスを利用するなら、週に何回、何時間利用するのかなどを話し合いながら決めていくのです。

では、このケアマネジャーはどのような人がいいのでしょうか？　そのポイントを紹介しましょう。

1　話しやすく、相談しやすい
2　まめに連絡がとれる
3　介護者の立場への理解がある

まず1つ目は、話しやすいか、話が通じるかなどの要素です。ケアマネジャーとは二人三脚で介護を行うことになります。話しやすく相談しやすい、ということは重要なポイントとなります。また、親が、「小さい子どもに話すような言葉で語りかけてくる」など、嫌がることもあります。話しながら、そのあたりも確認しましょう。

2つ目は「連絡がきちんと取れるか」です。ケアマネジャーは多忙で飛び回っているので事業所にいないことも多いです。事前に連絡方法を決めておけると安心です。こちらも多忙な場合は、メールでの連絡をOKしてくれるケアマネジャーがスムーズでしょう。

3つ目は、介護者への配慮があるかどうかです。本来、介護保険は要介護者のための制度ですが、介護を行う家族の立場も考慮してくれなければ、子どもが共倒れしかねません。すでに述べたように、仕事がある場合、両立できるようにケアプランを考えてもらう必要があります。

複数の事業所に連絡をし、何人かのケアマネジャーと話をしてみて、3つのポイントについて感触をさぐってみてください。**わからないことや不安に思っていることなどを率直に伝え、その上で話をしやすい人を選ぶといいでしょう。**

ケアマネジャーはあとで変更できるので、悩みすぎる必要はありません。しばらく付き合って、「何だかぴんとこない」ということもあるでしょう。変更する方法は2種類あります。1つは同じ事業所で別のケアマネジャーに担当になってもらう方法。連絡してケアマネジャーを替えてほしい旨を伝えましょう。その際の理由は「親との相性が悪い」などと伝えるのが無難です。

もう1つは、事業所ごと替えるパターンです。新しくお願いしたい事業所を探し、「現在ついてもらっているケアマネジャーがいるが、そちらに替えたい」と伝えてください。新しいケアマネジャーが現在のケアマネジャーに連絡して手続きをとってくれるでしょう。

探し方がわからない場合は、地域包括支援センターに相談してみてください。中立の立場なので紹介してもらうことは期待できませんが、選び方のアドバイスはしてくれるでしょう。

まとめ

ケアマネジャー選びが重要な理由

ケアマネジャーとは二人三脚で介護することになるから

80 介護するためにどのようなサービスがあるかを知る

介護の全体像を把握するために、まずどのようなサービスがあるのかを知っておきましょう。大きく分けると、自宅で受ける「居宅サービス」と施設に入居して受ける「施設介護サービス」の2種があります。

居宅サービスには多種のサービスがありますが、その中でも代表的なのは「訪問介護（ホームヘルプサービス）」と「通所介護（デイサービス・デイケアアサービス）」です。

訪問介護（ホームヘルプサービス）

ケアの内容は「生活援助」と「身体介護」に分かれています。生活援助では掃除や洗濯、食事の準備、買い物などをお願いすることができます。身体介護では入浴や食事、トイレの介助などを行ってもらえます。なお、子どもが同居していると「生活援助」は利用不可となる自治体が多いので注意が必要です。

ケアの内容は、最初にケアプランとして決めます。ただし、介護保険でのホームヘルプサービスには、そもそも依頼できることとできないことがあります。

たとえば、ペットの世話や庭掃除などは対象外です。利用できないことで、お願いしたいことがあったら、全額自己負担となりますが民間のサービスや地域の有償ボランティアのサービスを検討しましょう。

通所介護（デイサービス・デイケアサービス）

決められた施設に送迎付きで通い、健康チェック・機能訓練・入浴や食事の提供などのサービスを日帰りで受けるものです。「入浴だけ」などピンポイントで受けられる場合もあります。

デイサービスは介護に重点が置かれるのに対し、デイケアは通所リハビリテーションと言い、機能回復に重点が置かれます。リハビリを行う専門のスタッフがおり、身体機能を回復させ、自立した元通りの生活、もしくはそれに近い状態に戻すことを目指します。

訪問介護と通所介護以外にも、自宅に住まいながら受けられるたくさんのサービスがあります。たとえば看護師などが自宅を訪問し、専用の浴槽を使って入浴をサポートする「訪問入浴介護」、数日間施設に宿泊して介護を受ける「ショートステイ」、手すりの設置や段差解消など、20万円を上限とした「住宅改修費の支給」など。

ケアマネジャーと相談しながら、よりよいサービスを選択したいものです。どのようなサービスを利用するかによって、要介護者にとっても、介護者にとっても生活の質が変わると言っても過言ではありません。

一方、施設へ入居する方法については高齢者施設の種類が多いため、慎重に選ぶ必要があります。詳しくは次項で紹介します。

まとめ

介護サービスの知識が重要なのは

どのようなサービスを利用するかで生活の質が変わるから

81 施設介護を検討するときは必ず見学を行う

在宅での介護が難しくなった場合には施設への入居を検討することになります。しかし、施設の種類は多く、選択するのは簡単ではありません。

まずは代表的な施設について、その特徴を見ていきましょう。

「特別養護老人ホーム」（特養）

介護保険で入居できる施設で所得による軽減があり、費用は所得によって月5万～15万円前後と低コストが魅力です。初期費用は不要。入居条件は65歳以上で「要介護3」以上の認定を受けていることですが、入居希望者が多く、待機となることもあります。

入居順は必要度合いの高さで決められるので、待機者が多くてもそれほど待たず入居できることもあります。子どもが遠方に暮らしている場合、同居や近居より優先されやすい傾向があります。

「介護老人保健施設」（老健）

特養と同様、介護保険で入居できる施設です。費用は所得によって月6万～17万円前後、初期費用は不要です。入居期間は原則3ヶ月程度。病院を退院し、安定した状態にある人を対象としています。リハビリテーションや必要な介護を行い、自宅に戻ることを目指します。特養の入居待機場所として利用しているケースも多いです。

「介護医療院」

介護保険で入居できる施設です。入居条件は、「要介護1」以上。費用は月6万～17万円前後、初期費用は不要です。生活する上で長期にわたって医療的ケアの必要度合いが高い人が入居できます。必要な医療、介護を行います。病院に併設されているところが多いです。

「グループホーム」

認知症の高齢者が少人数で暮らす家庭的な施設です。入居条件は、「要支援２」以上、認知症と診断されていること、施設のある自治体に住民票があること。費用は月12万〜18万円程度、初期費用が１００万円程度かかるところもあります。一定以上の医療的ケアが必要になった場合は退去しなくてはならないところが多いです。

「ケアハウス」

60歳以上で自宅で生活するのに不安がある、家族の援助が受けられない人を対象とした施設です。福祉施設という位置づけで、所得が低い場合は月々の費用が軽減されます。「一般型」と「介護型」があり、介護型の場合には「要支援1」以上の人が対象です。

一般型は、初期費用が数十万円、月額8万〜20万円程度。介護型は、初期費用が数十万〜数百万円必要な場合もあり、月額10万〜30万円程度です。

「介護付き有料老人ホーム」

「特定施設入居者生活介護」の指定を受けた施設で、24時間体制で介護を行う有料老人ホームです。費用は様々で、初期費用0円のところもある一方、1億円ほどという高級ホームもあります。月額も10万〜40万円程度と幅があるので個別に確認が必要です。

「住宅型有料老人ホーム」

基本的には60歳以上の「自立」の人を対象とした有料老人ホームです。食事の提供や家事支援、レクリエーションなどのサービスを提供するところが多いです。初期費用は0〜1億円と価格帯の幅は広くなっています。月額は10万〜40万円ほど。介護が必要となった場合は別途契約で、在宅のときと同じように訪問介護などのサービスを利用します。

「サービス付き高齢者向け住宅（サ高住）」

安否確認と生活相談サービスを提供する高齢者向けの賃貸住宅です。オプションで食事や家事支援のサービスを行うところが多く、介護が必要となった場合は別途契約で、在宅のときと同じように訪問介護などのサービスを利用します。一部、「特定施設入居者生活介護」の指定を受けた介護型もあります。

このように様々な種類があるので、本人の希望や経済状況などともあわせて検討していく必要があります。

そして、何よりも見学が必須です。

なぜなら、パンフレットには抽象的な言葉が並んでいるだけで、正確な情報とは言えないからです。

「よい施設を教えてください」と質問する人も多いのですが相性や価値観もあり、一概には言えません。

同じ施設でも、Aさんにとってはよい施設だったけれど、Bさんにとってはよくない施設ということもあります。また、同じ種類の施設でも、行われているケアの内容は物件ごとに異なります。

見学をする際に大切なことは次の通りです。また、「体験入居」ができる施設なら、ぜひ実際に体験することをおすすめします。

1　施設長やケアマネジャーに事前アポをとる

2　重要事項説明書を読む

3　できればランチタイムに見学する
4　医療的ケアについて聞く
5　どのような状態になったら退去となるか確認する

１つ目は、それぞれの施設にはそれぞれの理念があるためです。同系列の施設でも、施設長の考え方で、理念が異なることがあります。介護についての考え方や、やり方についても確認したいものです。民間の施設では、アポを取らないと営業マンが案内するところが少なくありません。

２つ目の重要事項説明書を読む、というのはとても大切です。契約形態やサービスの内容、月額料金に含まれるサービスなど、詳細が書かれています（別途かかる費用についても必ず確認を）。

また、「入居率」なども記されています。**有料老人ホームの損益分岐点は開設後２年で80％程度と言われています。それより低い場合は、理由を聞きましょう。**

３つ目は見学するおすすめの時間帯です。食事の時間帯だと、入居者が食堂に集まります。男女比や、介護の必要度合い、食事介助の方法などの様子を見ることができます。入居者同士、入居者とスタッフとの会話や表情なども選ぶ際の参考となるでしょう。

また、心身が衰えて行動範囲が狭くなると、食事は大きな楽しみとなります。好きじゃない献立のときはどうするか、介護食や減塩食にも対応してもらえるのか確認しましょう。最近は施設では調理せず温めるだけのところも多いので、システムについても聞いてください。見学時に試食できる施設も多いので、見学のアポを取る際に確認をしましょう。

4つ目は医療的ケアです。すでに必要な医療的ケアがあるなら、どのように受診できるか聞いてください。受診の際に家族の同行が必要か、施設で付き添ってくれるのかも確認をしましょう。施設で付き添ってくれるなら、その料金も確認してください。また、パンフレットに「看護師常駐」と書かれていても、多くは24時間体制ではなく日中だけです。そのあたりも把握しておきたいところです。

5つ目は最期までいられるかどうかです。最期までと考えるなら、看取りについてどのようになっているか確認する必要があります。医療的ケアの充実度合いとも関連しますが、多くの施設で認知症が進行して他の入居者とトラブルが増えるとか、医療依存度が高まるとかの場合には、退去を要請されます。

まとめ

施設入居を検討する際に見学必須な理由

パンフレットだけではわからない情報が多いため

82 介護は「マネジメント」と考えリーダーを決める

親の介護が始まると、家族間で「誰が看るんだ？　どうするんだ？」と押し付け合いなどのトラブルが起こることが少なくありません。これを防ぐために重要なのが、事前に家族間でしっかり話し合っておくことです。

では、何を話しておけばいいのか？　ここではそのポイントを紹介します。

1　「プロジェクトリーダー」を決める
2　本人の年金、蓄えなどの状況を知る
3　どういう状態になったら施設介護を選ぶか決めておく
4　基本方針は、「自分の親のことは自分で」
5　延命治療の希望を聞く

1つ目は、「プロジェクトリーダー」を決めることです。発想を転換し、親の介護を1つのプロジェクトと考えてみてください。ここまで述べてきたように、介護は家族が直接行うのではなく、できるだけサービスを利用します。サービスを利用するには、手続き、契約、連絡、支払いなどを行う必要があります。つまり、子は親の介護をマネジメントする役割なのです。

子どもが複数いる場合は、リーダー1人に負担がかからないように、情報収集をする人、医師やケアマネジャーとの連絡をする人、親の意向や気持ちを聞く人など、役割分担したいものです。

2つ目は、親の財産状況についてです。月々の年金、預貯金額、株などの金融資産、不動産、残っているローンなど、すべてを明らかにします。聞きづらいかもしれませんが、どのような介護をしていくか資金計画を練るには不可欠な情報です。特に、施設介護を選ぶ際には、予算を明確にしないと具体的な検討はできません。

ただ、突然そのような話をすると財産を狙っているのではと不快に思う親もいます。無理やり聞き出すのは法に触れる行為にもなります。直接聞きづらい場合には、第三者の例を使って「〇〇さんのお父さんが倒れたとき、お金がどこにどれだけあるかわからなくて大変だったらしい」などと話を始めてみてもいいでしょう。

親から聞いた情報は、介護に関わるきょうだいにも必ず共有しておいてください。1人だけ知っていると、あとで問題になることがあります。

そして、いざというときに、どのお金を使えばいいかも本人に聞いておきましょう。いまの時代、本人確認が厳密なのでパートナーや子どもでも、簡単に預貯金をおろすことはできません。キャッシュカードの保管場所や暗証番号のことも、どこかに書いておいてもらえると安心です。

また、子の誰かが親のお金の管理を代行する場合、仕事の経費と同様に、何にいくら使ったかクリアにしておきたいものです。家計簿アプリなどを使って、きょうだいで共有するのも一案です。

3つ目は、どういう状態になったら施設介護を選ぶかを考えておくことです。親の多くは、施設に入ることには前向きではありません。けれども、「1人では食事をとらない」「火の始末が危うい」などの状況になると、命の危険に直結することもあります。それでも在宅でがんばると、家族の負担が増大し、介護離職などにつながることがあります。たとえば、「1人でトイレに行けなくなった場合」とか、「要介護4になった場合」とか事前の話し合いができていると、施設介護への移行がスムーズです。

4つ目は、「自分の親のことは自分が見る」という方針で介護を行うこと。ひと昔前は、女性が介護を担うケースが多かったと言えます。しかし、その考えは今は通用しません。また、介護をマネジメントするには、お金の話がからむことも多く、義理の関係では難しい面が多いと言えます。

5つ目は「最期のとき」の治療方針です。元気なときだからこそ聞けるテーマです。親の心身状態が悪くなると、聞くことがためらわれます。どこまでの延命治療を行うか、行わないか。聞いておかないと、最期のときにどうしてあげればいいか迷います。子のきょうだい間でも意見が割れ、看取ったあとまで後悔を残すことが珍しくありません。

以上のようなことを早い段階に話し合っておけると、それぞれが心積もりでき安心できます。

親自身の老い支度への意向、看取りについての考え方など非常にセンシティブな内容が多いのですが、日頃からこまめに連絡をとり、話しやすい環境を作っておくことが大切になってきます。パートナーやきょうだいとも、ざっくばらんに話し合いたいものです。
なお、ここに取り上げていないケースで困ったことがある場合には、必ず地域包括支援センターに連絡して事情を説明してください。たとえば、親と遺恨があって介護はしたくない、というような場合でもやり方はあります。どんな問題も、「行政につなぐ」ことが重要です。それも、マネジメントと言えます。

まとめ

介護を「マネジメント」と考える理由

資金計画を練り、役割分担を考え冷静に行うことで共倒れを防ぎ、よりよい介護を行えるから

第 9 章

防災

災害対策のリテラシー

監修 高荷智也
(ソナエルワークス代表／備え・防災アドバイザー)

LITERACY
ENCYCLOPEDIA

第9章

防災

PROFILE

「防災」監修

高荷智也

（たかに・ともや）

1982年静岡県生まれ。「備え・防災は日本のライフスタイル」をテーマに、「自分と家族が死なないための防災対策」のポイントを理論で解説するフリーの専門家。大地震や感染症など自然災害への備えから、銃火器を使わないゾンビ対策まで、堅い防災をわかりやすく伝える活動に定評があり、講演・執筆・メディア出演の実績も多い。YouTubeやwebサイトによる防災情報の配信等も多数行っている。著書に『最善最強の防災ガイドブック』（コスミック出版）『ゾンビから身を守る方法』（ポプラ社）など。

災害対策のリテラシー

83

大地震が起きたとき「逃げないほうが安全」な地域もある

この第9章では、災害対策について紹介していきましょう。

地震大国の日本ですが、大地震は必ず「不意打ち」でやってきます。緊急地震速報が間に合って鳴ったとしても、その数秒後には揺れ出しますので、余裕はほとんどありません。つまり、地震では普段からの備えがそのまま対応力に直結するのです。この章では、そんな防災と備えについて紹介していきます。

まず、災害対策で重要なのは「備える対象」を把握することです。日本の場合、大地震の揺れ対策はどこでも必須ですが、加えて津波・洪水・土砂災害など地形に依存する災害については「ハザードマップ」を確認し、自宅周辺での影響を確認してみてください。

ハザードマップは市町村役場の窓口で紙の地図をもらえる他、ウェブ検索でも同じ資料を見ることができます。また国土交通省が運営するウェブサイト「重ねるハザードマップ」では市町村をまたいだハザードマップの確認が可能です。

ハザードマップを閲覧する際は、**「生命に関わる影響が生じるか」「生じる場合、どこに避難すべきか」を特に注意して見る必要があります**。

たとえば東京を例にとると、ビル街である千代田区は大地震による地震火災リスクが低いエリア「地区内残留地区」に指定され、地震があったときには逃げずに建物内にとどまるべき地域に指定されています。

つまり、「避難しないほうが安全」なのです。一方、木造住宅が密集している荒川区では、建物の倒壊や火災危険度が非常に高く、避難が必要になる地域が多くなります。

南海トラフ地震が起きた場合、津波の来るスピードが311よりも早く、震源が陸地側になった場合、太平洋の沿岸部では最短で数分後だと予想されている地域もあります。

危険性の高い地域に住む人は、すぐに動けるように「避難場所」へ移動するときのための荷物をあらかじめ用意しておきたいところです（詳しくは378ページ）。

実際に地震が起きたときの動きですが、大きな揺れを感じたときには窓の近くや食器・鏡など割れる危険性のあるものからは離れて、テーブルの下などに潜ります。また風呂やトイレなどにいた場合は閉じ込められないようにするため「扉を開ける」ことが望ましいのですが、いずれの場合も揺れが大きい場合はほとんど身動きが取れません。まずは身の安全確保を最優先してください。

一方、会社にいるときに大地震が起きた場合は、どうなのでしょうか？

3 1 1のときは徒歩帰宅した人も多かったかもしれませんが、たとえば首都直下型地震のように都市部で想定される大地震では、徒歩帰宅は非常に危険になります。

道路の陥没、ビルや電柱の倒壊、ガレキなどの落下物、また消防車では対応できない大規模火災（燃え尽きるのをただ待つしかない状況）などが予想されるからです。ただでさえ道がふさがれているところに人が集まることで、人混みで押しつぶされてしまう「群衆なだれ」が起きることも予想されています。

災害後3日は人命救助が優先され、徒歩帰宅者への本格支援が4日目以降になる可能性も高確率でありえます。

このようなことから、たとえば東京都などは企業に対して社員のために最低3日分の備蓄を用意する努力義務を課す条例を定めています。

特に中小企業を経営されている方などは会社用の備蓄も考慮に入れてほしいところです。オフィス内では複合機のキャスターを止めておくなど、大型の機器にも注意してください。

自動販売機なども倒れると非常に危険なので、離れたところに避難しましょう。

まとめ

災害があったときのために

ハザードマップで自宅周辺、会社周辺の状況と避難場所を確認しておく

災害対策のリテラシー

84 家での地震対策では、「揺れ」と「火災」の2つに備える

災害対策の大きなポイントの２つ目は、「家の中」です。

「家をつぶさない」ことが災害対策では非常に重要で、「大地震が来たら避難所生活になるのでは？」と考えるかもしれませんが、実は自宅にいられるのであればその必要はありません。というより、避難所に地域の人全員が入るのは不可能なのです。たとえば都内では避難所が約３０００ヶ所ありますが、収容できるのは都民の2割だけです。

さらに言えば、避難所生活が長引くと持病が悪化したり、いわゆるエコノミークラス症候群になって亡くなるケース（災害関連死）があります。３１１では全体の死者数のうち17%、熊本地震では82%が災害関連死であり、今や災害の主要死因の１つになっています。

また、ペットは避難所への同行避難が原則ですが、避難所の中で一緒に生活できるとは限らないため、できるだけ自宅に留まれる準備が必要になります。

そう考えると、災害に持ちこたえられる家にしておくことは非常に重要なのです。

今住む家はいつ建てられたものでしょうか？　もし1981年5月31日以前に「建築確認申請」を受けた建物であれば、震度6強以上の地震で倒壊する可能性が高いです。

というのも、家を建てるときの耐震基準は一定期間で見直されており、1981年6月1日以降に新耐震基準となり、それ以前はいわゆる「旧耐震基準」となっています。

また木造住宅の場合は、2000年6月1日以降はより厳しい基準となり、これ以降に建てられた建物であればより地震に対して頑丈な作りになっています。

ただし、熊本地震では震度7の強い揺れが2日連続で起き、1回目の揺れに耐えた建物が2回目の揺れで倒壊するなどの被害も生じました。さらに、被害を最小限におさえるには、家の構造だけではなく、「室内の地震対策」も必須なのです。

まず、基本的な「揺れ対策」についてです。

冷蔵庫、タンス、食器棚、本棚などの大物家具・家電は倒れないように器具を設置してください。様々なグッズがありますが、強度でいくと壁に直接固定する「金属金具によるネジ固定」がもっとも強く固定できるため、可能であればこの方法を推奨します。

難しい場合は粘着マットでくっつけるタイプの「粘着器具」、また「突っ張り棒」など

■地震の揺れ対策

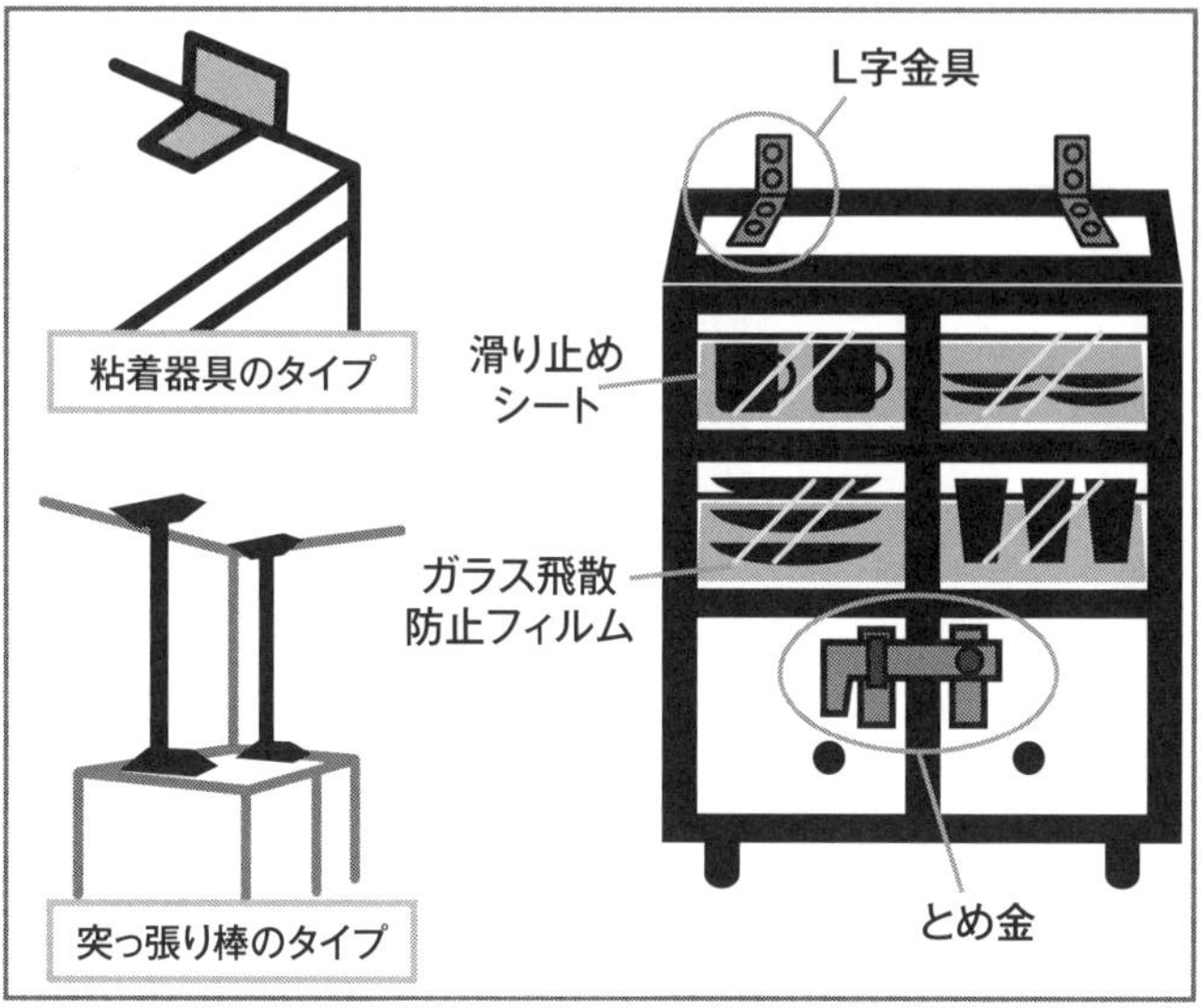

を使ってみてください。特に持ち家の場合には、できる限り強度の強いものを選んでほしいところです。

また、窓ガラス、食器棚などには飛散防止フィルムを貼り、飛び散りを防ぐようにできるといいでしょう。

動けなくなることを防ぐために、通路やドアの前にはモノを置かないことも重要です。包丁やグラスも凶器になりますので、開き扉をロックしておくなどの対策が必要です。

旧耐震基準の建物は、自治体が「耐震診断」を無料で行っている場合があったり、耐震リフォームに補助金が出る場合も多いので検討してみてもいい

■消化器の使い方

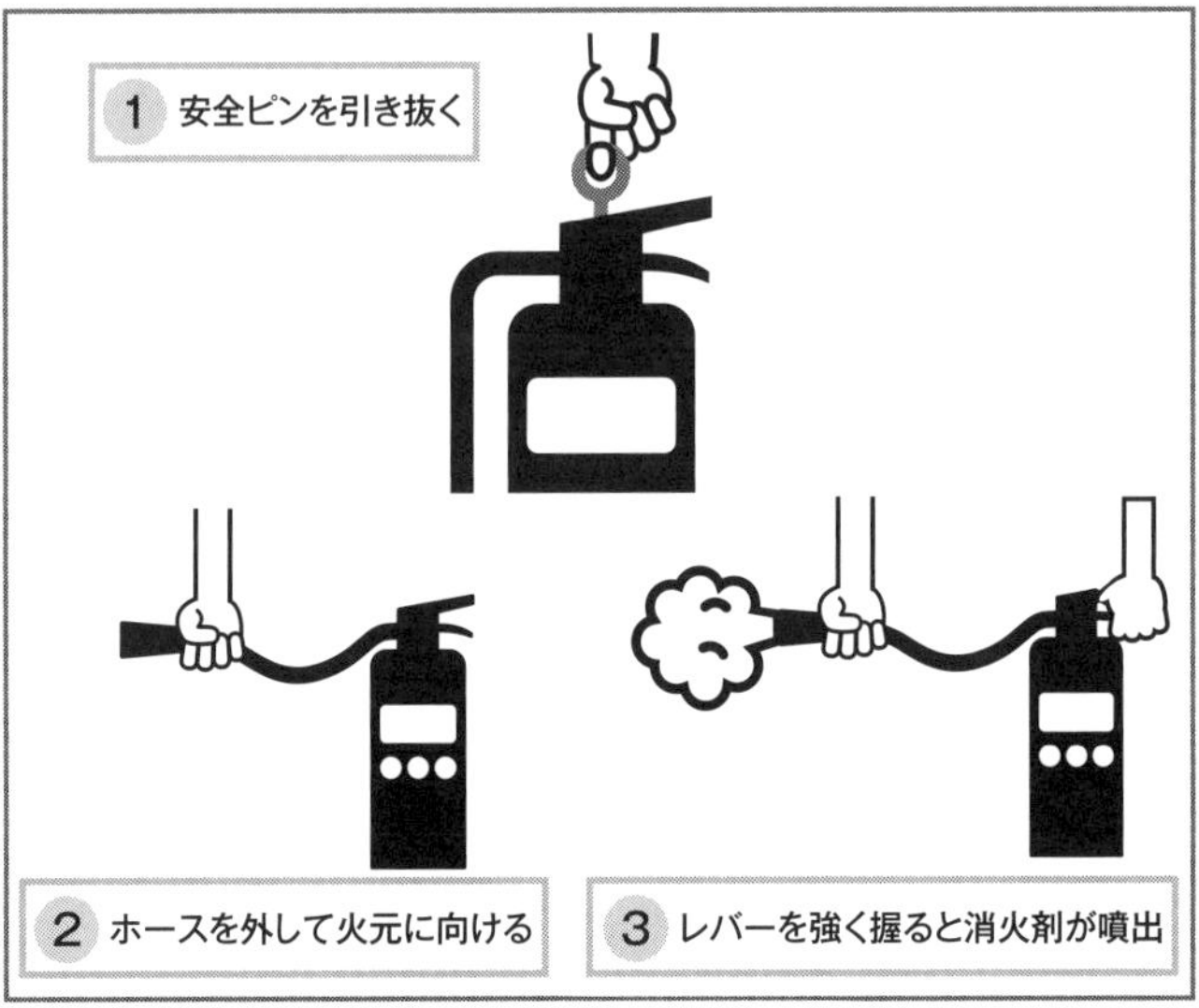
1 安全ピンを引き抜く
2 ホースを外して火元に向ける
3 レバーを強く握ると消火剤が噴出

でしょう。

またもう1つ、忘れてはいけないのは「火災対策」です。

実は地震で怖いのが火災で、首都直下型地震では2万3000人の死者が予想され、このうち7割にあたる1万6000人は火災によるものです。

しかし、火の始末を各家庭で行うことで、この被害を10分の1までおさえられるという試算があります。

火災対策には、「消火器」の常備をおすすめします。

消火器は置く場所が重要で、目についてすぐに取り出せる場所に置いておく必要があります。また住宅用の消火器はデザインの制約が法律で定められていないため、誰もがイメージする真っ赤な消火器だけではなく、たとえば白色などデザイン的にも洗練されたものが販売されていますので、インテリアに調和するものもあるはずです（1本3000～5000円程度）。

消火器がない場合には、濡らして固く絞ったバスタオルなどを火元にかぶせる消火方法もありますが、とっさのときにテキパキ動けることは稀です。練習していないことは本番で突然できないと思ったほうがいいでしょう。可能であれば地域の防災訓練に参加して、消火器を操作したり、濡れた布で火を消したりという練習をしておきたいところです。

なお、被害が大きい場合には選択肢として「疎開」があります。家族や親戚など、「どこに逃げるか」をあらかじめ決めておくことも重要になります。

まとめ

地震対策に揺れと火災への備えが必要な理由

火災で被害が大きく広がるため。各家庭が備えることが重要

85 「避難場所」へ逃げるときの荷物は、「背負ったときに走れる重さ」を持ち出し用リュックに

災害が起きたときには、逃げ込む先として「避難場所（指定緊急避難場所）」と「避難所（指定避難所）」があります。言葉は似ていますが、その意味・用途は違うので注意が必要です。

前者の避難場所とは、命を守るために逃げ込む場所であり、津波・洪水・地震火災などの被害を受けないために逃げる先です。一方の避難所とは、自宅が被害にあった人たちが集まり、一時的に生活をする場所を言います。

避難場所と避難所は同じ場所であることもありますし、災害の種類によって避難場所が違うこともあります。地域ごとに異なるので、必ずハザードマップで確認しておいてください。そしてここでは、緊急避難先である「避難場所」へ移動するときの備えについて紹介しましょう。

■避難用リュックを用意しておく

□ 両手の空くリュックが最適
□ 走れる程度の重さに重量を調整
□ 貴重品を入れて避難場所へ

避難場所へ逃げる際は、「とにかく素早く」が鉄則です。津波などの被害が予想される地域では、大地震の揺れがおさまったあと、1秒でも早く動く必要があります。

そこで重要なのは、「避難場所に持っていく荷物」をあらかじめ用意しておくことです。

おすすめはリュックを用意し、この中に常に防災グッズを入れておく方法です。このリュックは玄関や廊下などすぐ持ち出せる場所に置いておきます。

リュックの中に入れるものですが、最重要アイテムは「身体の一部」であるメガネや持病の薬、生理用品や赤ちゃんグッズなど、そもそもそれがなければ生活ができないという道具を優先します。

さらに、雨具・LEDライト・軍手など避難を助けるもの、ハザードマップ・携帯ラジオ・乾電池スマホ充電器など情報収集の道具、応急手当セット・携帯トイレ・ウェットティッシュ・大小ビニール袋などの衛生用品、着替え・防寒具・カイロなどの季節用品を準備します。水と食料は重たいため、1日分程度を目安に、体力にあわせて量を調整します。

これらに加えて、日常生活で必須のものがあれば追加しましょう。

いざ災害が起きた際、パスポート、現金、銀行通帳、印鑑などの貴重品をこのリュックに入れて家を出ます。常時貴重品を入れておくのは防犯対策としてよくないので、災害が起きたときに入れるようにするのがいいでしょう。

なお、重要なポイントとして、荷物を入れすぎないことです。走って避難をする状況もあり得るため、「楽に背負える重さ」になるよう量を加減してください。

まとめ

持ち出し用リュックのポイント

両手を空けて、走れる程度の重さに。貴重品は最後に入れる

災害対策のリテラシー

86 「避難所」での生活は過酷。在宅避難や疎開を選択肢として持っておく

自宅が倒壊したりライフラインが停止したりして生活が困難になった場合、避難所で暮らすことになります。災害の規模によっては避難所の定員を上回る避難者が身を寄せることもあるため、避難所に行けば水や食料をもらえるというわけではない点にも注意が必要です。

避難所は1人あたり1畳のスペース、トイレは75名で1基というガイドラインに従って作られ、実は難民キャンプと比べてもかなり厳しい水準です。生活中にプライバシーはありません。

これはそもそも、避難所での生活は「1週間程度」を想定しているためで、長期間生活するためのものではないからです。

しかし、311や熊本地震での被害は甚大で、数週間〜数ヶ月間という長期生活を余儀

なくされた人もいます。その中で、災害関連死が起きてしまうというわけです。さらに避難所の中でのケンカ、私物の取り違えや盗難、子どもや女性を狙った犯罪などが生じる可能性もあり、過去の被災地では空き巣なども発生しています。

避難所への持ち物は、前項で紹介した「避難用のリュックに入れた装備」に加え、次のようなものが役立ちますので参考にしてみてください。

下着・上下の着替え・タオル、追加の携帯トイレ、トイレットペーパー、ウェットティッシュ、ビニール袋、ドライシャンプー、歯ブラシやペーパー歯みがき、帽子、マスク、寝袋、耳栓、アイマスク、生理用品、レジャーシート、ラップ、油性マジック、ガムテープ、赤ちゃんがいる場合にはベビー用品、ぬいぐるみなどです。少しでもストレスを減らすために「好きなお菓子」などの嗜好品も実は重要です。また、電源の数が限られていますから、延長コードやマルチタップなどを持っていき、他の住民と共有することも大切になります。

一方、お酒、音の出るおもちゃ、匂いの強い食料品（たとえば紐を引っ張ると加熱できるレトルト食品）などは持っていかないほうがいいでしょう。避難所とは「集団生活」だからです。

基本的には過酷な場所ですし、限られたリソースを多くの人に回すという意味でも、頼りがある場合には被災地から離れ、疎開する選択肢も持っておけると安心です。

まとめ

避難所生活が過酷な理由

短期間の避難を想定しており、生活にプライバシーがないため。避難所に行かなくてもよい備えをしておく

87 「在宅避難」では、食料とともにペットフードなど支給されない備えが重要

被災後、もしも自宅が無事であれば、家でライフラインの復旧を待つ「在宅避難」がおすすめです。ただしそのためには、物資の支給はないものと考えた備蓄が必須です。基本的に災害後72時間は人命救助が優先され、生活支援は4日目以降となりますので、**最低でも3日、できれば1週間分は備えるようにしてください**。

在宅避難を想定した備蓄の主なポイントは「個別用品」「食料・日用品」「ライフライン代替用品」を揃えることで、特に重要なアイテムが「避難所などで支給されない物資」です。

具体的には、避難用・避難所用のグッズで紹介したメガネやコンタクト、歯ブラシ、常備薬、また在宅医療機器用のバッテリー、高齢者の場合には杖・補聴器・入れ歯洗浄剤など、それがなければ生活が成り立たないアイテムがある場合、必ず予備やスペアを準備し

てください。

ペットを飼っている場合には、ペットフードやトイレ用の砂などの備蓄も重要になってきます。ペットは避難所で一緒に生活をすることが困難であるため、できるだけ在宅で世話をすることが望ましいと言えます。

食事についてですが、「賞味期限が1年以上あるもの」を基準としてみてください。魚やフルーツの缶詰、レトルトご飯、カレー、牛丼、スープ、カップ麺、アルファ米、乾燥パスタ、パスタソース、ゼリー飲料、釜飯の素……といった具合です。

注意点としては、「種類が増えると賞味期限管理が大変になる」ということです。また、非常時に「いつもと違うもの」を食べるのはストレスを感じる原因にもなります。

ですから、**防災専用の備蓄としてではなく、普段から食べる「日常備蓄（ローリングストック）」として定期的に購入・入れ替えをしていく方法がもっともおすすめ**です。賞味期限の近いものから食べていき、循環させていくようにします。

水やカセットボンベ、電池などもそうですが、これを習慣化しておくことで常に備えが万全な状態を維持することができるのです。

まとめ

在宅避難のポイント

必須、かつ支給されないものをチェック。
食事の備蓄はローリングストックがおすすめ

災害対策のリテラシー

88 ライフラインの停止対策には「トイレ」と「カセットコンロ」の用意を

ライフラインの停止に備えて、いったい何をどれくらい備蓄しておけばいいのでしょうか？

首都直下型地震が起きた場合、被害地域の5割が停電し、これが1週間継続、完全復旧までは1ヶ月かかると予想されています。上下水道は1週間で7割復旧、鉄道は1ヶ月で6割程度復旧、と予想されています。

南海トラフ地震の場合ではさらに被害が大きく、電力復旧に2週間、通信が4週間、上下水道が8週間はかかる見込みです。大地震直後はガレキや土砂などで道路が封鎖されるので流通もしばらく止まってしまうでしょう。

これらを総合して考えると、準備する期間は長いに越したことはないですが、「最低3日〜できれば1週間分の備蓄は必要になる」と考えておいてください。

〈停電グッズ・・・ライト、充電器、乾電池（単3）、カセットコンロ&ボンベ〉

停電時にまず必要となるのは夜間の照明です。避難用には両手が空くLEDヘッドライトが望ましいですが、在宅避難時にはランタンなど周囲を照らせる明かりが必要です。安価なもので構いませんので、1人1つの明かりを準備しておきましょう。

またスマートフォンは災害時も有効なアイテムですので、充電手段が必要です。PSEマークが付いたモバイルバッテリー、乾電池式のスマホ充電器、20～30W程度のモバイルソーラーパネルなどが役立ちます。なお乾電池器具を準備する際には、**いずれの機器も「単3電池」で動くものに統一できると備えが楽になるでしょう。**

乾電池は1日1人8本程度×最低3日分を想定して準備しましょう（例：3人家族の場合には8本×3日分×3＝72本）。月に1～2本の電池を消費・入れ替えし続ければ、日常備蓄として使用期限内の乾電池を常備することができるようになります。防災リュックなどに入れっぱなしにしたければ、国産（パナソニックの「エボルタ」など）の10年間持つ乾電池をまとめ買いするのもいいでしょう。

また、医療機器のバッテリーや水槽など、「電気を切らすわけにはいかないもの」がある場合には、必要な電力×3〜7日を想定した容量を持つ、大容量のポータブル電源と100W程度のソーラーパネルなどを準備できると安心です。

さらに、火が使えないことを想定すると、カセットコンロとボンベも必須の備えです。カセットボンベは、1本で約60分使えるので、1日2本使うとして、1週間で14本あると安心でしょう。

消費期限が7年なので、1年ごとに7本ずつ、適宜使いながら買い換えるのがおすすめです。なお、食料のストックについては前項で紹介しています。

〈断水グッズ・・・水1日3リットル、非常用トイレセットと臭わない袋〉

断水を想定したとき、まずは飲料水が必要になります。1日1人3リットル（7日で21リットル）を目安に備えておいてください。水でなくても、お茶やジュースなどでも構いません。普段から多めにストックしておき、使いながら循環させていきましょう。

特にマンションの高層階に住んでいる人の場合、給水してもらっても、20キロの水が入ったタンクを上階に運ぶのは困難なので、意識的に備えておくことをおすすめします。

また、「最重要」なのがトイレです。衛生面でも、ストレス面でもトイレは重要になり

■簡易トイレの使い方

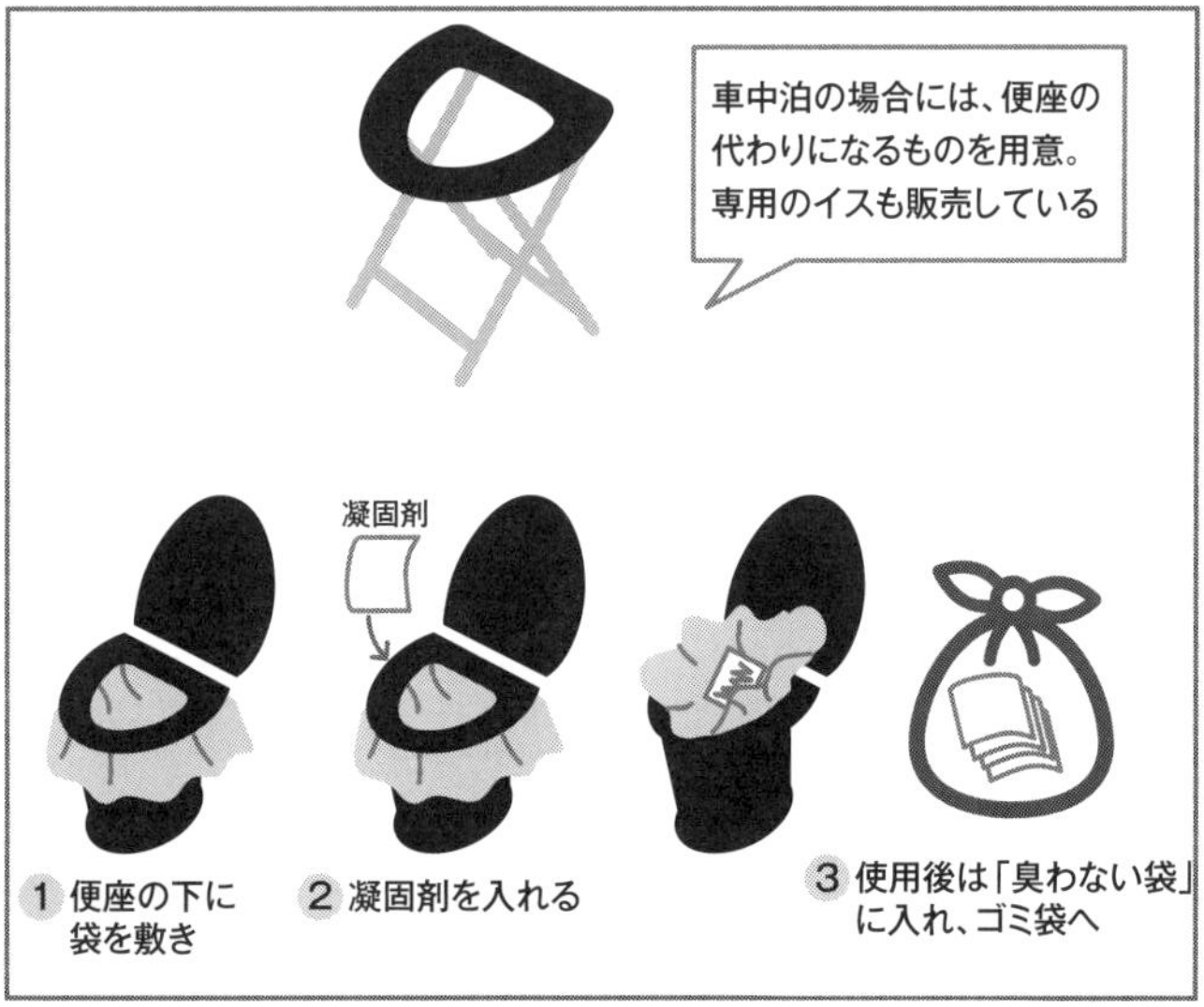
車中泊の場合には、便座の代わりになるものを用意。専用のイスも販売している
凝固剤
1 便座の下に袋を敷き
2 凝固剤を入れる
3 使用後は「臭わない袋」に入れ、ゴミ袋へ

ます。

袋と凝固剤がセットになった非常用トイレが売っていますので、「1人1日5回×7日分以上」を目安に、備蓄しておいてください。

使い終わったあとのゴミを入れる「臭わない袋」やベランダなどでしばらく保管する際に必要な「大サイズのゴミ袋」もあわせて用意しておくことをおすすめします。

使うときには、便器が無事であれば便座の上から袋をしき、凝固剤を入れていつもと同じように用を足します。使い終わったものを「臭わない袋」に入れて、インフラが回復するまでベランダなどに置いておきましょう。

新聞紙で代用になるなどと言われることもありますが、まったく代用にはなりません。100セットで数千円程度になりますが、できれば非常用トイレを購入しておいてください。車中泊を想定する場合には、便座代わりになるものを用意しておくといいでしょう。

まとめ

ライフラインが止まったときのために

ガスコンロ、充電器、水、非常用トイレは必ず確保しておく

避難用リュックの準備（※背負った際に走れる重さに調整）

	身の安全を確保する道具
□	踏み抜き防止インソールを入れた靴
□	ヘルメットや防災頭巾
□	軍手または作業手袋
□	LEDライト（可能ならヘッドライト）
□	上下セパレートの雨具
□	助けを呼ぶための笛
	情報収集の道具
□	ハザードマップや周辺の地図
□	携帯ラジオ
□	紙とペン
□	モバイルバッテリーまたは乾電池スマホ充電器
□	予備の乾電池
	応急手当と衛生用品
□	応急手当セット（絆創膏・傷パット・三角巾など）
□	万能ナイフ・マルチツールなど
□	携帯トイレ・紙
□	ウェットティッシュ
□	マスク・消毒薬・体温計など
□	冬場は防寒着やカイロ、夏場はスポーツドリンクの粉など
	水・食料・生活用品
□	500ml程度のペットボトル数本
□	1日分程度のそのまま食べられる食料
□	タオル・着替え1回分（特に下着類）
□	ビニール袋（大・小）
	貴重品・個別用品
□	各種貴重品および収納用のポーチなど
□	メガネ・持病の薬などの必需品
□	生理用品、赤ちゃん用品、ペット用品などの必需品

自宅の揺れと火災の対策

建物対策	最低でも新耐震基準を満たしている建物に住む
室内対策	転倒防止・移動防止・落下防止の固定を行う
飛散対策	窓や家具の扉などのガラスに飛散防止フィルムを貼る
火災対策	消火器を準備してすぐ取り出せる場所に設置する

避難用リュックの装備に加えて、避難所で数日間過ごす場合に準備するもの	
情報収集の道具	
□	追加の乾電池
□	スマホ充電器・延長コードやタップなど
衛生用品	
□	追加の携帯トイレ
□	オーラルケア用品（ペーパー歯みがきなど）
□	ボディシートやドライシャンプー
寝具とプライバシー用品	
□	寝袋または簡易ブランケット
□	敷物・エアマット
□	睡眠道具（エア枕・アイマスク・耳栓など）
□	目隠し用のアルミブランケットや大型ポンチョ
水・食料・生活用品	
□	追加の飲料水
□	追加の食料品（そのまま食べられるもの）
□	ランタン
□	屋内用のスリッパ
□	ミニバッグ・トートバッグ
□	使い捨ての食器類
□	ラップ・ガムテープ・ロープなど

※酒類、匂いの強い食べもの、処理に困る食べもの、音の出るおもちゃなどは避ける

上記に加えて、在宅避難（自宅での被災生活の準備）用に準備するもの	

※最低3日、できれば7日分程度を準備

ライフラインを代替する道具	
□	非常用トイレ（最低、1日5回×7日×人数分は用意、多いほどよい）
□	カセットコンロとガスボンベ（1～2名に1本×7日分程度は準備）
□	ポータブル電源・モバイルソーラパネル

水・食料・消耗品	

※消耗品の備蓄は普段から在庫を増やす「日常備蓄」推奨

□	飲料水やお茶のペットボトル
□	各種の食料品
□	ティッシュやトイレットペーパーなど
□	ゴミ処理用のビニール袋多数（大・小）
□	追加の乾電池
その他個別用品	
□	赤ちゃん用品
□	ペット用品
□	介護用品

監修者一覧

「お金」監修

雨谷亮（あまがや・りょう）

お金の教育業経営、個人投資家、元銀行員。青山学院大学卒業後、三菱東京UFJ銀行（現、三菱UFJ銀行）に入行。中小企業から東証一部上場企業まで法人営業を経験。その後、三菱UFJモルガン・スタンレー証券に出向。投資銀行本部にて、M&Aアドバイザリー業務に従事し、東証一部上場企業同士の経営統合や東証一部上場企業間の買収等、様々な企業統合案件をクロージングまで手掛ける。三菱UFJ銀行退職後、Fintechベンチャー企業を経て、現在はお金の教育事業を経営。運営中のYouTubeチャンネル「money time hack ～お金と時間の学校～」では、マネーリテラシーを高める情報を日々発信中。また、自身も個人投資家として株式投資、不動産投資等、幅広く活動している。
運営中のYouTubeチャンネルはこちら。

「転職」監修

末永雄大（すえなが・ゆうた）

新卒でリクルートキャリア（旧リクルートエージェント）入社。リクルーティングアドバイザーとして様々な業界・企業の採用支援に携わる。その後、サイバーエージェントに転職し、アカウントプランナーとして、最大手クライアントを担当し、インターネットを活用した集客支援をおこなう。2011年にヘッドハンター・転職エージェントとして独立。2012年アクシス株式会社を設立し、代表取締役に就任。
月間45万人の読者が読む転職メディア「すべらない転職」の運営や、キャリアに特化した有料パーソナルトレーニングサービス「マジキャリ」など多岐にわたるキャリア支援サービスを展開。転職エージェントとして20代向けの転職・キャリア支援を行いながら、インターネットビジネスの事業開発や大学・ハローワークでのキャリアについての講演活動、ヤフーニュースや東洋経済オンラインでの寄稿など幅広く活動している。著作に『成功する転職面接』（ナツメ社）『キャリアロジック 誰でも年収1000万円を超えるための28のルール』（実業之日本社）がある。
「すべらない転職」 https://axxis.co.jp/magazine
「マジキャリ」はこちら。

「独立」監修

河合克仁（かわい・かつひと）

愛知県豊橋市生まれ。2006年に筑波大学体育専門学群卒業後、人材教育コンサルティング企業に入社。営業・コンサルタントとして、歴代最高の営業記録樹立をはじめ、社長賞、MVPなどの社内表彰も多数。2014年に独立。価値観が多様化する現代で活躍する真のリーダー育成を目指す、株式会社アクティビスタを設立し、代表取締役に就任。世界最先端の教育を日本のリーダーに届けることをミッションとし、人財開発支援に情熱を注ぐ。2015年より筑波大学で非常勤講師としてキャリア教育や起業家教育の授業を担当。また、2016年からは内閣府地域活性化伝道師に就任。著書に『世界中の億万長者がたどりつく「心」の授業』（共著・すばる舎）、『世界のエリートが実践する心を磨く11のレッスン』（共著・サンガ）などがある。
運用しているTwitterアカウント（@kawai_edu）はこちら。

「IT」監修

伊本貴士（いもと・たかし）

メディアスケッチ代表取締役、サイバー大学専任講師。奈良県橿原市出身。大学卒業後にNECソフト、フューチャーアーキテクトを経て、メディアスケッチ設立。IoT・人工知能・ブロックチェーンなど最新技術のコンサルタントとして、さまざまな企業との研究開発に携わる。自社の研究開発プロジェクトとして、スマートホーム向け通信モジュール基板や犯罪予測を行う人工知能などの研究開発を行う。また、日経BP「日経xTECHラーニング」、日本経済新聞社「日経ビジネススクール」におけるIoT・人工知能講座の講師も担当。これまでに200以上にのぼる最新技術に関する講演や講座を日本全国で行うIoT・人工知能講座の大人気講師でもある。フジテレビ「ホンマでっか!?TV」、テレビ朝日「サンデーLive!!」など、テレビやラジオなどさまざまなメディアで活躍中。共著に『IoTの全てを網羅した決定版 IoTの教科書』と『ビジネスの構築から最新技術までを網羅　AIの教科書』（共に日経BP）がある。

「住まい」監修

鈴木誠（すずき・まこと）

1977年茨城県生まれ。誠不動産株式会社代表取締役。REAN JAPAN理事。高校卒業後、陸上自衛隊（朝霞駐屯地）に入隊。その後アパレル販売員を経て、不動産業界に転身。大手不動産仲介会社を経て独立。既存顧客の紹介を条件に物件案内をする完全紹介制で、ご縁のあったお客様に心を込めて全力で「住んだ後に幸せになっていただける空間」を提供している。お客様への徹底した心づかいが評判を呼び、芸能関係者やプロスポーツ選手など、紹介は途切れることがなく、年間の物件内見数は日本一を誇る。日本テレビ系「有吉ゼミ」不動産コーナーに出演中。不動産仲介業界の健全な発展のために日夜尽力しており、不動産賃貸仲介の未来をつくる「REAN JAPAN」に理事として参画している。
REAN JAPANホームページ　https://rean-japan.jp/

「法律」監修

堀田秀吾（ほった・しゅうご）

明治大学法学部教授 シカゴ大学言語学部博士課程修了。ヨーク大学オズグッドホール・ロースクール修士課程修了。専門は、法言語学、司法コミュニケーション。言葉とコミュニケーションをテーマに、言語学、法学、社会心理学、脳科学などの様々な分野を融合した研究を展開している。著書に、『裁判とことばのチカラ』（ひつじ書房）『法コンテキストの言語理論』（ひつじ書房）『Law in Japan, Law in the World』（共著、朝日出版社）等多数。

「セキュリティ」監修

佐々木成三（ささき・なるみ）

1976年岩手県生まれ。元埼玉県警察本部刑事部捜査一課の警部補。デジタル捜査班の班長として活躍。現在は、小中高大学生らが巻き込まれる犯罪を防止するために設立された「一般社団法人スクールポリス」の理事を務め、講演活動を行うほか、刑事ドラマの監修、テレビ番組のコメンテーターとして多数出演している。

「薬と病院選び」監修

長尾和宏（ながお・かずひろ）

1958年香川県生まれ。1984年東京医科大学卒業、大阪大学第二内科入局。1995年長尾クリニック開業。医療法人社団裕和会理事長、長尾クリニック院長。医学博士。日本消化器病学会専門医、日本消化器内視鏡学会専門医、指導医、日本内科学会認定医、日本在宅医学会専門医。労働衛生コンサルタント。日本ホスピス・在宅ケア研究会理事、日本慢性期医療協会理事、日本尊厳死協会副理事長、全国在宅療養支援診療所連絡会世話人、エンドオブライフ・ケア協会理事。関西国際大学客員教授。

「医療情報」監修

松村むつみ（まつむら・むつみ）

1977年愛知県一宮市生まれ。2003年、名古屋大学医学部医学科卒。2003年、国立国際医療センター（現、国立国際医療研究センター）臨床研修医。当初外科を志すが、その後放射線科医（画像診断）の道へ。専門は乳房画像診断。横浜市立大学にて博士（医学）取得。放射線診断専門医、核医学専門医、日本乳癌学会認定医。2017年に大学を辞しフリーランスとなり、神奈川県や東京都の複数の病院に勤務の傍ら、自宅でも遠隔画像診断を行う。同時期より、各種ウェブ媒体に、幅広く医療記事を執筆。一般の方々の医療リテラシー向上に貢献するべく活動中。日本医学ジャーナリスト協会会員、アメリカヘルスケアジャーナリスト協会会員。著書に『自身を守り家族を守る医療リテラシー読本』（翔泳社）、『エビデンス（科学的根拠）の落とし穴』（青春新書インテリジェンス）がある。
Twitterアカウント（@ichigumapanda）

西川隆一（にしかわ・りゅういち）

がんパーソナル薬剤師代表。薬剤師として総合病院に勤務し、日本医療薬学会がん専門薬剤師、日本緩和医療薬学会緩和薬物療法認定薬剤師、日本臨床栄養協会NR・サプリメントアドバイザーを取得。病院で多くのがん患者さんと接する中で、限られた環境における患者サポートに限界を感じ、2020年独立。保険薬局と在宅医療に従事しながら、SNSを通した情報発信やアプリケーション開発など、がん患者さんを多面的サポートする事業を展開中。
Twitterアカウント（@Pharma_nishi）はこちら。

「がん患者さんのためのパーソナル薬剤師」はこちら。

「がん」監修

明星智洋（みょうじょう・ともひろ）

江戸川病院腫瘍血液内科部長。プレシジョンメディスンセンター長。東京がん免疫治療センター長。MRT 株式会社 社外取締役。1976 年岡山県生まれ。高校生の時に、大好きだった祖母ががんで他界したことをきっかけに医師を目指し、熊本大学医学部入学。その後、医師国家試験に合格。岡山大学附属病院にて研修後、呉共済病院、虎の門病院、癌研有明病院にて血液悪性腫瘍およびがんの化学療法全般について学ぶ。その後 2009 年より江戸川病院にて勤務。血液専門医認定試験合格、がん薬物療法専門医最年少合格。専門は、血液疾患全般、がん薬物療法、感染症管理。昨今、がん治療の専門家ではない人による「正しくない（古い、もしくは事実誤認やあまりにも主観的な）情報」が多い現状を危惧。現場と最新の医療情報を知る医師の観点から情報を発信している。著書に『先生！本当に正しい「がん」の知識を教えてください！』（すばる舎）がある。

「介護」監修

太田差惠子（おおた・さえこ）

介護・暮らしジャーナリスト。京都市生まれ。1993 年頃より老親介護の現場を取材。「遠距離介護」「仕事と介護の両立」「介護とお金」などの視点で執筆、講演。AFP（日本ファイナンシャル・プランナーズ協会認定）の資格も持つ。1996 年「NPO 法人パオッコ～離れて暮らす親のケアを考える会～」を設立し理事長に。2012 年、立教大学大学院 21 世紀社会デザイン研究科修士課程修了。主な著書に『親が倒れた！親の入院・介護ですぐやること・考えること・お金のこと』『子どもに迷惑をかけない・かけられない！ 60 代からの介護・お金・暮らし』（共に翔泳社）『親の介護で自滅しない選択』（日本経済新聞出版社）など。

「防災」監修

高荷智也（たかに・ともや）

1982 年静岡県生まれ。「備え・防災は日本のライフスタイル」をテーマに、「自分と家族が死なないための防災対策」のポイントを理論で解説するフリーの専門家。大地震や感染症など自然災害への備えから、銃火器を使わないゾンビ対策まで、堅い防災をわかりやすく伝える活動に定評があり、講演・執筆・メディア出演の実績も多い。YouTube や web サイトによる防災情報の配信等も多数行っている。著書に『最善最強の防災ガイドブック』（コスミック出版）『ゾンビから身を守る方法』（ポプラ社）など。

防災メディア「備える .jp」https://sonaeru.jp/

YouTube「そなえる TV」（https://www.youtube.com/c/sonaerujp-tv）はこちら。

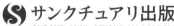

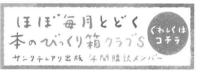

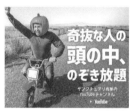

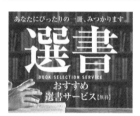

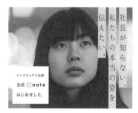

超リテラシー大全

2021年7月17日 初版発行

編者　サンクチュアリ出版

デザイン　井上新八
本文イラスト　和全（Studio Wazen）
営業　二瓶義基
広報　岩田梨恵子
制作　成田夕子
構成　松本逸作
編集協力　奥野日奈子・鶴田宏樹
編集　松本幸樹

発行者　鶴巻謙介
発行所　サンクチュアリ出版
〒113-0023　東京都文京区向丘2-14-9
TEL 03-5834-2507　FAX 03-5834-2508
http://www.sanctuarybooks.jp
info@sanctuarybooks.jp

印刷・製本 中央精版印刷株式会社